はい。園長さんはいつもにこにこしてますよ。

障害者福祉の現場から

古川英希

Parade Books

まえがき

平成一七年（二〇〇五年）七月、私はブログ『園長室』を立ち上げました。以来、一七年経った現在も、なお書き綴っています。

このたび、平成二七年（二〇一五年）三月に発行いたしました単行本『園長さん いつもにこにこしてますか』の続編として、本書『はい。園長さんはいつもにこにこしてますよ。』を発行いたしました。ここには一冊目以降、平成二六年（二〇一四年）七月から令和四年（二〇二二年）七月までの八年一ヵ月の間に三一五編を数えたブログの中から、一七三編（内一編は平成一九年（二〇〇七年）四月一〇日付・一七九ページ）を掲載いたしております。

併せて、「私が学んだ知的障害者と呼ばれている人たちのこと」をテーマとした「仮想講話」を掲載いたしました。その趣旨については、誠に恐縮ですが本文三三〇ページをご覧ください。

私の出会った重症心身障害児者、知的障害児者と呼ばれている人たちは、知的な面では人の言うことがうまく理解できず、自分のこともうまく説明できません。けれども本来はどこまでも優しく、素直で、そして穏やかな人たちなのです。彼らのその感性、そしてその命に障害はないのです。なのに、重症心身障害児者や知的障害児者をはじめとして、私たちが「障害者」と呼ぶ人たちへの差別や偏見が遠い昔から今日に至るまで、この社会からなくならないのは何故でしょうか。

　どうして私たちは彼らを障害者と呼び、私たち自身のことを健常者と呼ぶことに違和感を抱かないのでしょうか。いったい障害とは何なのでしょうか。彼ら障害者を受け入れがたいとしてきた私たちの社会の価値観。この社会に無自覚に、深く、そして親から子へ、子から孫へ、連綿と続く障害者を疎み、見下す価値観。

　いったい私たちにとって障害とは何なのでしょうか。障害者とは誰のことなのでしょうか。再び、ご一緒にお考えくだされば と思います。

目次

仮想講話

平成二六年度

七月二三日（水）　こどもの詩『えらそう』

今週の月曜日、平成二六年七月二一日付の読売新聞「くらし欄」に載っていた「こどもの詩」です。

えらそう
テストへ行った
テストがえらそうだった
いつも学校なら
「えらびましょう」なのに
「えらびなさい」と書いてあった
ちょっとえらそうだなと思った
少しいやな気もちになった　（埼玉県・小三年・女子）

なかなかの感性と思います。
例えば、ことあるごとに「～しましょう」と百回言われ続けるグループと、ことあるごとに「～しなさい」と百回言われ続けるグループと、あなたはどちらのグループに入りますか。

例えば、それらを一年言われ続けるとしたら、どうですか。

例えば、それらを一〇年言われ続けるとしたら、どうですか。

あなたなら、どちらの人生を歩きたいですか。

さつき園の利用者の○○さんのこれまでの人生ではどうだったろうか。□□さんの人生ではどうだったか。△△さんは……。◇◇さんは……。社会は彼らにどういう言い方で接してきただろうか。

この詩を書いた女の子の感性はなかなかと思います。

「えらびなさい」と書いてあるのを目にして、「ちょっとえらそう」と感じ、「少しいやな気ち」になった少女。しかも、それを詩にするとは……。

大人の私たちのいったい誰が、この詩にあるような試験の設問の「えらびなさい」という表現にこだわるだろうか。私たちはそんなことにはもうすっかり慣れっこになっており、そこで私たちの気持ちが揺れることはありません。

しかし、この少女の気持ちは揺れて、彼女の感性は敏感に反応したのです。

もしも知的障害者がその存在を幼い頃から疎まれていたとしたら、彼や彼女は何十年もの間、日常的に数えきれないほど「～しなさい」と言われ続けてきたのではないかと、勘ぐるのです。

私たちの知らない、想像もつかない道を彼らは歩かされてきているのだと改めて思います。

九月一二日（金）　わー、なつかしい声！

昨日のことです。

長期に入院している母親との面会がこの夏に叶わなかった○○さんが、職員の計らいで事務室の電話で母親と話しているようです。

と、突然、○○さんが園長室にやって来て、

「園長さん、お母さんが園長さんの声が聞きたいと言っています」

と言いながら、子機を差し出しました。

突然ことで、私は「えっ!?」と少しあわてながらも、「ああ、そうかね」と子機を受け取ります。

「もしもし、古川です」

「あー、園長さんですか」

「はい、古川です」

「わー、園長さんじゃ。なつかしい声じゃ！」

電話口の声が明るく弾んでいます。以前に耳にしていた○○さんのお母さんのいつもの声です。

「あー、お久しぶりです。あなた、元気ですか？」

「わー、園長さん、なつかしい声！　なつかしい声！」

そう何度も繰り返して言われます。

しばらく、いろいろ、あれこれ話をして、

「息子がお世話になります。これからもよろしくお願いします」

「はい、大丈夫よ。あなたも元気でね」

長期の入院にもかかわらず、〇〇さんのお母さんは以前同様の元気な声でした。私も一安心です。

根が粗雑にできており、電話でもどちらかというとぶっきらぼうな応対をしてしまう私の喋り声を〇〇さんのお母さんは「わー、なつかしい声！」と喜んでくれました。何ともうれしい限りです。

〇〇さんのお母さん。こんな声でよかったら、いつでもお話しいたしますよ!!

この世界では、思わぬ時に、思わぬことで、ちょっとうれしい気持ちにさせてくれることがあるものです。

九月三〇日（火）「音」、あるいは音楽療法について

先週末、障害幼児通園施設職員の研究協議会が山口市内で一泊二日の日程で開催され、私も故あって参加して来ました。

その二日目には四つのワークショップが行われ、私は「こどもの心と身体《からだ》の発達・イン・ミュージックセラピー」という会場に参加しました。

参加して、びっくりりです。人と音についてのさまざまなことを学びました。

特に、子どもの発達に関してや子どもが社会性を身につけるに至る過程について、そして幼児期に獲得する人間関係の取り方など、それぞれに音が深く関係していることを実際に自らが体験することによって、より具体的に実感を伴って学ぶことができました。図らずも、すこぶる新鮮な気持ちを抱かせてもらった二時間でした。

私のその時のメモから、指導していただいた音楽療法士の言葉をいくつかランダムにご紹介します。

・例えば、ある子どもがハンドドラム（タンバリンのような楽器だけど、タンバリンには円形の淵に沿ってついている小さなシンバルのような形をしたものがない）が叩けないとする。それは、叩けないのではなく、音が受け入れられないのだ。失敗するかもしれない、という思いが先に立っている。

・ハンドドラムを叩くと出る「ドン」という音を出せることが、その子の人生を決定してくる。

・「音」を出すことは自己表現だ。音を出す↓もっと叩きたくなる↓ほめてほしい↓社会性の発達につながる。

・人のイメージするものは見えないし、分からない。だからトラブルになる。相手のイメージすることが分かると、生きていきやすくなる。そういう感覚は生活の中でしか育たない。遊びの中で育つものだ。訓練という中では育たない。

・たくさんある楽器を用意して、各自に好きな楽器を取ってもらうと、その人の性格が分かる。

・人は人との関係の中で育つ。関係で発達していく。音を出すことがそれに役立つ。相手と音を合わせる。同質の獲得。太鼓で他の子どもと出会うことができる。

・「音」と「動き」…からだで分かることが大事。からだの中にあるいろいろな感覚を教えなくてはならない。

・乗れない子と乗る子…乗り↓まず揺らすこと。二つの音があって揺れるのだ。

・自閉的な子はヨコには揺れない。タテに揺れる。

・周囲に合わせることができるのは、社会性があるということ。

・絵本を感じる。絵本を読む時に音をつける。それをからだが感じる。ながーく伸ばす音。

大きい音、小さい音など…。
・子どもの後ろ姿でその子の発達が分かる、背筋が伸びているなど。
何度も言いますが、もう感心することしきりでした。

障害者支援に携わる私たちは、人の発達についてももっともっと関心を寄せて、知識と技術を、そして自らの実感の経験を積まなくてはならないと深く考えさせられました。人はいきなり大人になっているわけではないのですから。

指導していただいた音楽療法士の「そういう感覚は生活の中、遊びの中でしか育たない」という言葉が鮮やかに心に残りました。

一〇月二日（木）　木曽の御嶽《おんたけ》さん

木曽の御嶽山が爆発した。昔でいう休火山だったそうだ。

三千m級の山としては登山人気が高かったという御嶽山。秋は紅葉がきれいで、子どもから大人まで、男も女も、大勢の人が登山を楽しんでいた山だったとか。

上空から見るとまるで雪のように降り積もっている火山灰。その深く積った火山灰と飛んで来る夥しい数の大小の噴石が多くの人の命を奪った。

木曽のナー中乗りさん　木曽の御嶽《おんたけ》さんは　ナンジャラホーイ

夏でも寒いヨイヨイヨイ　ヨイヨイヨイノー　ヨイヨイヨイ

あの、山々にこだまするほどに朗々と唄い上げられていた木曽節は、今、心の中で静かに胸震わせて唄う葬送の唄、鎮魂の唄になってしまいました。

一一月六日（木）　見て見ぬ振りをする組織

世間にそれなりに名の通った科学研究所のずさんな職員管理や研究管理の実態や、世間でそれなりに注目を浴びた政治家のびっくりするようなずさんな資金管理の話題が先頃のテレビやラジオ、あるいは新聞や週刊誌紙上でにぎやかでした。

恐らく、いずれの場合も組織内の人間は「これはまずい」と気がついていたはず。それが表面化せずに、時間だけがダラダラと過ぎていったのです。みんな、「上が判断したことだから……」とか「私が責任を問われることはないだろうから……」と見て見ぬ振りをしたのです。

組織の中で個人は一個の歯車にしか過ぎません。歯車としていったんその回転運動の中に取り込まれたら、その回転を止めることは難しい。たとえ「これはまずい」「これはおかしい」と思うことがあって、それを自ら止まって正そうとしても、歯車一個だけが止まることは他の多くの歯車の回転力に負けて、なかなか至難なことです。

賢明な組織なら、あるいは対社会への意識の高い組織なら、歯車が止まった時、何故その歯車は止まったのか、どういう問題が自分たちの組織にあるのか等を検証するでしょう。しかし大方の組織は何の問題意識も持たず、止まった原因を確認することもなく、ただ漫然と代わりの歯車に取り替えて、何事もなかったかのようにまた回転させるのです。

先のずさんな研究所組織やずさんな政治家の組織の在りようは他人事《ひとごと》ではありません。こと障害者に関する不都合なことを見て見ぬ振りをすることは、国の定義から言えば虐待をしているのと同じことなのです。

今、はやし立てられ、煽られ、そしておだてられて、障害者もそうした組織に組み込まれる道を歩かされているような気がしてなりません。個々の障害者の思いや気持ちを分かろうとする問題意識もなく、ただ素直で安価な労働力として見ているだけのような組織群……。

社会人として、労働者として、地域社会に揉まれながら生活している障害者の人生も、福祉がしっかりと下支えしなくてはなりません。

一一月一九日（水）　資格について

ある幼児通園施設職員の研修会に参加した時に思ったこと。

例えば、保育士の資格のある人とない人がいる。

そして、性格がいい人と、そうではなく性格の悪い人がいる。

そこで、保育士の資格があって性格の悪い人と、保育士の資格がなくて性格のいい人がいるとする。

普通に知り合いになるのなら、保育士の資格がなくても性格のいい人がいい。

しかし、ことが子どもの保育に関係することとなると、少々性格が悪くても、保育士資格を持っている人のほうがいい、となる……。そして、例えば様々な事情があり、その通園施設を利用せざるを得ず、子どもの保育についてその保育士に相談をし、指導を仰がざるを得ないとすれば、性格の良い悪いは言っておられない、となる……（その時の母親の心境や精神状態は二の次になるのか）。

そこに資格の持つ威力、そして怖さがある。

資格があって知識も豊かな専門職の中には、相手との気持ちが通じ合わない人がいる。それは、その人の態度や言葉遣いの中に「私はあなたと違い、専門家なんです」というものが出ているから、相手の人と気持ちが通じ合わないのだ。だから、特に人を相手にする仕事に関する資格を持つ人は、よほど謙虚にならなければならない。そういった資格を持っている人は私にその資格がなくても、人は私とちゃんと向き合ってくれるだろうか、人と気持ちが通じ合えるだろうかと、一度、真剣に想像したほうがいい。

本来、資格というものは己の本質とは関係がないものなのだ。

研修会に参加している多くの保育士の表情や発言を見聞きしながら、通園施設現場で彼、彼女らを頼っているであろう多くの母親の心の内に想いを馳せていた。

一一月二二日（土）　追悼 高倉健

義理と人情を　秤にかけりゃ
義理が重たい　男の世界

（「唐獅子牡丹」　歌：高倉健　作詞：矢野亮　作曲：水城一狼）

今月一〇日、映画俳優の高倉健が亡くなりました。

若い頃から、この歌に歌われているようなやくざ社会を娯楽的に描いた、いわゆるやくざ映画は全くと言っていいほど観ることはなかった私ですが、高倉健のことは知っていました。妙な言い方ですが、私の中では彼は「幸福の黄色いハンカチ」という映画に主演したことで、実生活の場でもやくざな世界から私たちの住む社会へ帰って来た人間、という印象でした。その「幸福の黄色いハンカチ」という映画での彼の役どころも、刑期を終えて、いわゆる娑婆（シャバ：刑務所や軍隊から見た一般人の社会の意）に戻り、その間、ずっと愛情一つで一途に彼の帰りを待っていた妻との再出発を踏み出す男の役でした。

私の知る限り、それ以来、彼はやくざな世界の主人公を演じることはなく、社会の中で誠実に、謙虚に、寡黙に、人に優しく、温かく、筋目を通す、意志の強い、義理にも情にも篤い、また弱さも持った人間を、その立ち姿と表情とあの独特の声と台詞回しで、強い信念を持って演じてきたと理解しています。それは彼の実生活そのものだった、という声も多く耳にします。彼の逝去を知らせるテレビニュースでは、様々な人たちからの追悼の言葉が画面から流れます。

ある人は「孤高の人だった」と言い、ある人は「男らしく、優しい人だった」と言い、またある人は「濃やかな気配りの人だった」と言います。

そんな中、ある追悼番組で、高倉健に一人の若者がたずねる場面がありました……。

その若者の質問。

「どうしたらいい人になれますか？」

その質問に高倉健はこう答えたのです。

「いい人に出会うことです。人は厳しい風や冷たい風にばかり晒されていてはだめです。人は人の優しさや温かさに触れることがないと人に優しくできないし、人を温かく迎え入れることもできません。だから、いい人に出会うことです。自分からいい人を探して、その風に触れることです。厳しい風に当たってばかりいては、人はいい人にはなれません」

いい人……。人に優しく、人を温かく迎え入れてくれる人……。

（故高倉健様、さつき園にはそんないい人がたくさんいますよ）

高倉健は、その人生を生きる中で、いったい何があったから、いつ、どんなことに出合ったから、こんな感想を持つようになったのだろうか。遅ればせながら、小さな関心を寄せています。

彼には申し訳ありませんが、私は彼の熱心なファンではありませんでした。しかし、こんな映画俳優もいたのだという感慨とともに、私たちの生きるこの社会のふところの深さと、人の一生の生き方、歩き方について、今、しみじみ考えさせられています。

心からご冥福をお祈りいたします。

一二月一二日（金）　東急プラザ渋谷閉館

来年の三月二二日に東急プラザ渋谷が閉館するというニュースを見た。

悲しい。とても悲しい。

四九年の歴史に幕、という。一九六五年六月一三日、JR渋谷駅西口から徒歩一分の場所に九階建ての種々の専門店が入る商業ビルとして開業した、とネットの記事にある。

私は学生で上京して以来、長く東京生活を続けたが、もうそれはそれは数えきれないくらい通ったのだ。それはその五階に紀伊國屋書店があったからだ。そしてJR渋谷駅を挟んで東急プラザの反対側には、今はなき東急文化会館があり、その八階（？）には三省堂書店が入っていた。私は渋谷に行くと必ず両方の書店を回遊したものだった。二つの書店は学生が暇をつぶすのには格好の位置と距離にあった。

また、時には東急プラザ二階の喫茶で、JR渋谷駅西口前を行き交う大勢の人たちや多くのバスやタクシー、あるいは首都高速を眺めるともなく眺めながらコーヒーを飲んだ。そしてそこでたくさんの本も読んだ。

そういう東京生活を送ったからだろうか、今でも上京すると時間が許せば必ずと言っていいほど渋谷に回り、東急プラザに入り紀伊國屋書店を覗き、コーヒーを飲むのだ。例え有楽町や浜松町で用が済もうと、時間に余裕があればほかには行かず、必ず渋谷に出た。

今は渋谷も変貌し、かの有名な忠犬ハチ公の像の向きも変わって久しいが、JR渋谷駅周辺の風景や色や匂いや音は私の人生に張りついているのだ。

悲しい。とても悲しい。

閉館する前に、何としても東急プラザに行かねば……。

一二月二七日（土）　あの黒田が帰って来るぞ

朝のニュースに驚いた。

あの背番号一五がアメリカから帰って来る、という。

黒田博樹（来年四〇歳）。八年前まで日本プロ野球広島東洋カープのエースとして活躍し（一〇三勝）、その後アメリカ大リーグに行った（七九勝）あの黒田が来シーズン、古巣広島カープに帰って来る。渡米する前の約束どおり、現役バリバリの時に帰って来る。ニューヨークは大騒ぎらしいが、広島も大騒ぎだ。広島カープは黒田の背番号一五をずっと空けて待っていたのだ。広島もえらい。それに応える黒田もえらい。

小さい頃から長島に憧れた大の巨人ファンの私。しかし、かなり前から、私は巨人の選手の獲得の仕方や起用法、育て方に少なからぬ疑問と不満を抱いていた。そして地元ということもあってか、ひそかな隠れカープファンとなっていた。本拠地が以前の市民球場からJR広島駅近くに引っ越してからも何度か足を運んだ。

余談だが最近のカープの選手では堂林がいい。これまでの彼はさほどの成績を残してはいないが、結婚して、来シーズンは頑張ってくれるだろう。あの恥ずかしげな表情がいいのだ。

それはともかく、黒田の広島カープ復帰はいい。日本プロ野球界にとってもいい。育て、期待してくれた人たちへの恩を忘れずに生きる黒田の活躍を期待したい。

こんな人生を歩む人間はそうはいないぜ。

一月二七日（火） 工藤氏に一票

プロ野球福岡ソフトバンク新監督工藤公康氏が監督・コーチ会議で、試合中の選手のマナーや身だしなみについて、自身の現役引退後からこれまでの経験を通しての方針を打ち出した、と一月二五日（日）付の読売新聞記事にあった。

それは、試合中のガム・唾吐きの禁止、社会人としての常識ある髪形や服装を心がけること、などであると。そして、氏曰く、「ファンからの目線を絶えず気にかけること。プロとしての自覚を持て」と。
私は平成二一年九月のこのブログ『園長室』に「イチローはガムを噛まない」という見出しで書かせていただいたが、プロの野球選手なら、ことに試合中は、ファンといわず世間から常にその行動は見られていることを自覚してほしいものだと、常々思っていたことだ。試合中にガムを噛んでいたり、唾を吐くなどの場面を、自宅などでくつろいで見ているテレビ画面で、大写しに見せられてはたまらない。
いったい、どこの世界に仕事中にお客さんの前で平気でガムを噛んだり、唾を吐いたりする社員や職員がいるというのか。

・同行二人《どうぎょうににん》

♪幼なじみの観音様にゃ　俺の心はお見通し……

（「唐獅子牡丹」作詞：矢野亮　作曲：水城一狼）

♪夜は星になって　あなたを見守る……

（「千の風になって」訳詞：新井満　作曲：新井満）

弘法大師はお遍路さんと一緒に歩き、観音様はこんなやくざな自分でもいつも優しく見ていてくれ、亡くなったあの人も星になって私を見守ってくれている……。

これは私たち日本人の感性だ。世間という冷たくも温かい、広くも狭い、厳しくも優しい精神性の中で、ただひたすらに、そしてひたむきに生きて、生活してきた私たち日本人が育ててきた存在であり感性なのだ。いつも私と一緒。いつも私のそばにいて見ていてくれる。いつも私を受け止めていてくれる。そういう存在を無意識のうちに、私たちは私たちの心根の奥に宿しているのだ。弘法大師に形を変えた世間。観音様に形を変えた世間。星に形を変えた世間……。

だから私たちはその存在に不快な思いをさせないように、悲しい想いをさせないように、迷惑をかけないように、日々努力するのだ。

大事なものは何か。何を大事に思うのか。自意識とは何か。今、この時代に改めて問われなければならない。

だから、私は「工藤氏に一票」だ。福岡ソフトバンクの選手たちよ、プロ野球の選手たちよ、自覚せよ。そして自意識を持て。私が見ているぞ。世間が見ているぞ。

そういう私には、幸福にも、毎日私を見守ってくれている人たちがいる。

今日も今日とて、利用者作業の休憩時間のこと。園長室のドアのガラス越しに、私の仕事振りをじっと見守ってくれている〇〇さんがいた。目が合うとすーっといなくなるのだが、いつも気にしてくれているのが分かる。ありがたいことだ。

二月一五日（日）　ブログ『園長室』を本にしました

皆様にご案内いたします。

お陰さまでこのたび、長年書き綴ってきており、皆様が今お読みいただいている、このブログ『園長室』を一冊の本としてまとめ、出版する運びとなりました。

人と人との様々な縁やきっかけにより、この『園長室』を続けてお読みいただいている皆様。皆様の無言の叱咤激励がどんなに私を励まし、それがどんなに私の日々の力になっていることか。感謝の思いでいっぱいです。いつもありがとうございます。この出版がわずかなりとも皆様への恩返しになれば、と願っております。

・タイトル　『園長さん　いつもにこにこしてますか』　三二四ページ
・著者　古川英希
・定価　一、四〇〇円
・発行日　二〇一五年（平成二七年）三月七日（土）
・発行　パレード　・発売　星雲社
・全国の書店およびネット通販の「アマゾン」でご案内しております。

僭越ながら、恥ずかしさをこらえて、この場を借りてご案内させていただきました。

二月一九日（木）『おっ、園長が来たぞ』

先週のこと。

溜まっている仕事の合間を縫って、その日の午前中に利用者の作業の様子と職員の仕事振りを見に園内を回った時のことです。

園の前を通る道路に面している作業室から、いつものように回りました。

作業室のドアを開けて「お早うー」と、そこで作業をしている利用者と職員にできるだけ元気に、大きな声をかけます。すると、利用者の中には作業の手を止めて、こちらに顔を向けて「お早うございまーす」とあいさつを返してくれる人がいます。また、園長のあいさつなどおかまいなしに黙々と作業に打ち込んでいる人もいます。そして椅子に腰かけた膝の上に両手を置いてじっとしたままの人もいます。立って室内をあちこち歩いている人もいます。今日もどこといって変わった様子も変わった雰囲気もない、いつものさつき園のある作業班の作業風景です。利用者の表情も動きもいつもの通りと思われました。

ところが今日は一つだけ違っていることがありました。

それは、私が順番に利用者一人ひとりに声をかけていた時のことです。次が○○さんの順番だという時、○○さんの両手がすーっと動いたのです。それまでじっとしていた○○さんが両の手を作業台まで差し伸べて、○○さん用としてそこに置いてあった作業用の道具を持とうとしたのです。いつも動作がゆっくりめの○○さんです。その時の手の動きもゆっくりとした動きでした。

その時、『おっ、園長が来たぞ。作業をせんといけんじゃろうのー』と、○○さんが思ったかどうかは分かりませんが、いかにもそう思ったから、声をかけられる前にそういう動作をしたのだと思うようなタイミングと仕草でした。

それを目に留めた私は、「おっ、○○さん、作業しよるかね」と、声をかけながら軽く肩に触れます。すると、「はぁ〜い」といつもの○○さんの少しゆっくりとした返事が返って来ました。

私はその返事を聞きながら、ちゃんと私を分かってくれているのだなぁーと、うれしくなっていました。この人が園長だ、ということが分かっているかどうかではなく、『こいつの前では作業をしているようにしなくてはならんのじゃ』と感じてくれているのだと、勝手に私が思ってうれしくなったのです。

○○さんに限らず、知的障害者と呼ばれている人たちは、みんなちゃんと、こいつはどういう奴かということが分かっているのです。そんなことまで分かっているわけはないと思うのは明らかに私たちの偏見です。利用者こそが、いつも濃やかに心を砕いて、私たちに接してくれています。

「はぁ〜い」と返事をした○○さんでしたが、果たしてそのあと、いつものように自分のペースで作業を続けたのでしょうか。利用者が毎日、さつき園のような事業所に通って来て作業をする、そのことの意味と価値が際立つ瞬間でした。

三月二日（月）　ごみの捨て方、言葉の吐き出し方

ごみの出し方、捨て方でその人の社会の中での生きる姿勢が分かる、と思う。その人の使うごみ箱を見ると、その人の生き方が分かると思う。

例えば、職場での場合。事務所などに置いてあるごみ箱に、自分のごみをどのように捨てているか。不要なコピー用紙ならただ丸めて捨てるか、細かく破いて捨てるか。また、細かくて散らかるようなごみなら要らない紙に包んで捨てるか、それともそのままごみ箱にパラパラと捨てるか。

丸めて捨てるより、ある程度小さく破って捨てるほうが嵩張らない。嵩張るごみは扱いに困る。細かくて散らかりそうなごみは、包んで捨ててあるとあとの処理がしやすい。

果たして、私たちはごみ箱に捨てられたごみのあと処理をする人のことを考えて、ごみを捨てているかどうか。ごみを受け取る人のことをどれほど考えて捨てているだろうか。

言葉も同じだ。果たして、私たちは自分の吐いた言葉が相手にどう伝わり、どう響いていくかを考えて、言葉を吐いているか。思ったままをただそのままで吐き出してはいないか。小さ

く砕いて吐き出しているか。また、散らかりそうな言葉はうまく包んで吐き出しているか。

自分の吐き出した言葉を相手がどう受け取るかなどお構いなしにしていると、言葉も相手を刺す凶器になることに気がつかないし、気がつけない。

ごみ屋敷の住人は、概して何らかの理由で社会との距離が遠くなっており、その結果、社会との接点が持てなくなっている。すると、自分の吐いた言葉を受け取ってくれる人を、そして自分から出たごみを受け取ってくれる人を持てなくなっているから、自分の言葉も自分のごみも自分の内部に溜まるばかりなのだ。それが高じると、ますます社会から遠くなり、社会から遠ざけられてしまうことになる。

ごみも言葉もそれを受け取ってくれる人がいて初めて、社会生活が営めるのだ。

だから、社会生活を淡々と営むために、ごみも言葉も受け取ってくれる人がその扱いに困らないようにして吐き出す。それが社会人としての責任を果たす基本だ。それは福祉も同じだ。

まず、ごみを出すことの無意識から改めたい。難しいことか？

三月八日（日）　働くことへの孤独

今、一般企業などへの就職を目指す障害者は就労移行支援事業を行っている事業所で就職前の訓練を受けることが望まれている。その過程を経てきた障害者なら企業も安心して雇えるというわけだ。先日、その事業所の一つを見学する機会があった。

驚いた。そこで訓練を受けていた彼ら一〇人ほどの障害者は、ひと言の言葉も発することなく、その日与えられた課題にひたすら黙々と取り組んでいた。説明によると、それは作業での根気、集中力、正確さ、協調性、修正力、ていねいさ、トラブルへの対応力、そして他者への言葉遣い、礼儀正しさ、などを鍛え、伸ばすための課題だということだった。

それらの課題に取り組んでいる目の前の彼らは、私には健気とも、痛々しいとも思われた。そこまでするのか。そこまでして就職するのか。そこまでしてそれらの課題を克服し身につけなければ、君たちが就職できないのが今の私たちの社会なのか……。私は心の中で呆然と立ち尽くしていた。

一〇〇円を稼いで満足するより一、〇〇〇円を稼いで、よりたくさんのものを手に入れることのできる生活のほうが良いに決まっている、ということか。自分の可能性を引き出し、鍛え、伸ばし、それを生かして、より給料のいい企業で働き、たくさん稼ぎ、より楽しい豊かな生活を送ること。今、障害者と呼ばれている君たちが、健常者の社会で生き、生活し、働くということは、健常者同様にそれを目指すということなのか。それが君たちの希望であり、望みなのか。

それはそうなのだろう、おそらく……。

しかし、と思う。今、目の前の彼らが課題として取り組んでいることは、社会への、あるいは企業への適応訓練という名のもとに、健常者の私たちがただ私たちの価値観を押しつけているに過ぎないのではないのか。

彼らの生い立ちに思いを馳せてみよう。彼らのこれまでの人生に思いを馳せてみよう。おそらく私たちの誰も、そんなことなどしたことはないのではないか。それでもなお、彼らに訓練を適応を強いるのか。可能性を引き出し、鍛え、伸ばし、それを生かし、誰にとってもより生きやすい社会、より生活しやすい社会、より己を解放できる社会の実現に努力せねばならないのは、私たちなのではないのか。その社会の実現に向かって、健常者は、あなたは、そして私は努力をしないのか。

障害者と呼ばれている彼らに社会への適応を強いることは、二重に障害者を差別していると思う。

人間の可能性を伸ばすことは期待されていいことだ。しかしそれは、障害者に望む前に、自分たちを勝手に健常者と呼んで収まり返ってしまっている私たちこそが努力し、取り組むべきことではないだろうか。どんなに膨大な時間がかかろうが、人間の可能性として、そして人類の可能性として、それは取り組むべきことではないのか。

今、社会で働く障害者には「働くことへの孤独」があると思う。彼らにとって社会の中で働くことは、誰にも頼れない、自分の力だけを頼りにするほかないのだ、という「働くことへの孤独」が。

三月一三日（金）　メンクイ

午後の休憩時間に〇〇さんが園長室に顔を出します。

「あのね園長さん、じゃがいもを植えたんよ」

「おー、じゃがいも、植えたかね。さむかったろう」

「いいや、さむーはなかったよ」

「ご苦労さんじゃったのー」

「次はメンクイを植えるんと」

「はぁ？　メンクイを植える!?」

「うん、メンクイを植えるんと」

「いや、そりゃーメンクイじゃなかろう。メークインじゃろう」

「いいや、メンクイを植えるっちゅうて、□□さんが言いよったよ」

「いやいや、なんぼなんでも、メンクイを植えちゃーいけんじゃろう」

大笑いする私の顔を、『なんで笑うんか？』というような顔をして見つめる〇〇さんでした。

〇〇さん、せっかく報告しに来てくれたのに、大笑いしてごめんなさい。

三月二四日（火）　例えば、国会議員を頼りにするということについて

　例えば、国の予算を獲得したり新しく事業を開始したりすることに関して、国会議員を何人も知っているとか、力のある国会議員と懇意でもあるからといって、それを力頼みにして、何とかうまく予算を獲得できたとしても、そこに社会の意識はついてはこないでしょう。

　組織の長なり、組織の責任ある地位にいる人が、「いざとなれば国会議員に頼んで何とか……」というのを耳にするほど淋しいものはありません。そんな姿勢はいかがなものでしょうか。最後は票とカネを用意して、数と力を頼りにしますか。そんなことを何の疑問もなく日々繰り返しているから、国会議員のほうも自分の役割は国民から陳情を受け、己の力を発揮して、そこに何とか予算をつけてやることだ、と勘違いしてしまうのです。

　国会議員こそが自分の足で歩いて、ことの実際、ことの実態を見聞しなくてはいけないのではないでしょうか。そうして現場に出向いて、そこで自分で感じ、何をどうすべきなのかを自分の頭で考えてほしいと思います。自分で歩ききれないのなら、有能な秘書集団を育てて、彼らに現場を歩かせて彼らの実感の伴った生の情報を集め、分析し、ことに当たっていただきたい。国民の票やカネはそういうことの繰り返しの中からついてくるものだと思います。先に票やカネがあるわけではありません。

　そのためには、ことの当事者である私たちこそが直面する課題や問題に日頃から真剣に立ち

向かっていることが必要条件です。適当に議論し、適当に結論をまとめて、時間がないからあとは知り合いの、あるいは力のある国会議員にお願いしようなんて、まあ、何と虫のいいことよ。そんなお茶を濁すようなやり方でその場を凌いだりするから、社会での理解が進まないのです。

平成二七年度

四月六日（月）　飛び立つ飛行機に

利用者も私たちも、何日も前からその日の天気を気にしていましたが、当日は予報通りの雨。その雨の日に、さつき園は利用者・保護者・職員の総勢八三名で、バス二台での日帰り園旅行に出かけて来ました。先週金曜日（四月三日）のことです。行先は広島方面で、『三景園』という日本庭園とすぐ隣りの『広島空港』。そして雨降りでしたので予定していた『安佐動物公園』を事前に変更して、『ガラスの里』へ行って来ました。

その園旅行で、利用者に思いもかけない体験をさせてもらいました。

雨の三景園を傘を差しながら散策した後、広島空港へ移動します。空港では係りの方が私たちを見送りデッキへ案内してくださいました。しかし、デッキから飛行機の離着陸を見るには、雨も降っており、そして風も吹いていますので、デッキの上方には建物の大きなひさしが出ているとはいえ、フェンス近くまで行くと雨に濡れてしまいます。

そんな中、みんなで所在なく雨に煙る滑走路を見ていました。すると、しばらくしてデッキからすぐ見えるところに駐機されていたＪＡＬの白い大きな機体が動き始めました。機体はゆっくりと左から右に一直線に伸びた滑走路の左端に向かって移動して行きます。

機体は機首を右に向けて止まります。そして飛行機のエンジン音がうなりを上げ、空気を突き破って雨の音をかき消していると、一気に私たちの期待が膨らみます。

次の瞬間、白い大きな機体が雨に煙る滑走路を左から右に真っ直ぐに滑走し始めます。私たちの真正面からやや右方向へ機体が滑走した時、その白い機体はふわりと浮きあがり、低く垂れこめた雲に向かって、その爆音とともに一気に角度をつけて上昇して行きました。

その時です。思いもかけぬことが起こったのは。

固唾を呑んで見つめていたであろう利用者から、なんと一斉に大きな拍手が湧き起こったのです。

「おーっ」私は飛び立った飛行機を目では見送りながら、デッキに響く拍手の音に心が引かれ揺れていました。

その拍手に送られて、白い機体は一直線に雨の雲間に消えて行きました。機体が消えた後もしばらく拍手は鳴り止みません。拍手の後には、ほっと安堵したような、あるいはどこか満足したような空気が雨のデッキに流れます。

目の前を飛行機が滑走し飛び立っていく様子に、いったい利用者は何を感じたのでしょうか。その拍手の意味は何なのでしょうか。少なくとも、今の私には飛行機の離陸に拍手を送るという感性はありません。私は何かを失っているのか。それとも元々その何かは私には備わってはいないのか。

飛び立つ飛行機に拍手する感性……。雲間に消えて行く飛行機に拍手する感性……。

図らずも、雨の日の園旅行で利用者から得たものは、今もまだ言葉にはならない、大きな温かい「何か」でした。

四月一一日（土）　呼名《こめい》

先日、ある総合支援学校の入学式に来賓として出席させていただきました。

乱暴に言えば、入学式への出席は来賓の私たちにとっては多くの用事の中の一つ。しかし、新入生の親子にとっては人生の大きな節目の出来事であり、その日は人生の中でも何番目かに大事な一日です。期待もありましょう。不安もありましょう。

車いすの新入生がいました。母親に車いすを押してもらって校門をくぐります。遠目ですが、心なしか二人とも緊張気味です。小学部一年生にとってはいよいよ今日から学校生活が始まり、中学部一年生にとっては今日からの三年間で早くも義務教育が終わり、高等部一年生にとっては三年経つといよいよ社会に巣立つ日が来るのです。

入学式が始まりました。式の最初は「新入生呼名《こめい》」です。小学部から始まって、中学部、高等部と、ていねいに新入生の名前が呼ばれます。

「高等部に入学する者。〇〇〇〇（新入生の名前）」

高等部に入学するあの車いすの少年の名前が呼ばれました。しかし、「はい」の返事は少年の声ではありません。「はい」……。それは小さくも、ある決意を感じさせる母親の声でした。

車椅子母に押されて呼名受け
（お粗末な川柳で申し訳ありません。古川）

その母子の今日までの日々を想像します。そして、その母子の今日からの長い長い日々を想像します。母子にとって今日の入学式は単なる用事の一つではないのです。果たして、私の想像力はどこまで遠く、どこまで深く届いているだろうか……。

今日から、新しい環境での生活、いや、なお言えば新しい試練が、母子ともどもに始まったのです。

『しっかり前を向いて、堂々と歩いて行こう』

来賓席で、新入生みんなに心のエールを送ります。

頑張ろう新入生。

五月一三日（水）『園長さんいつもにこにこしてますか』出版二ヵ月

平成一七年七月から、今もその時々の私の思いを書き綴ってきているこのブログ『園長室』。

平成二六年七月までのおよそ九年間に書き綴った文章を抜粋して、一冊の本として出版してから二ヵ月が経ちました。

その間、本を読んでいただいた方々から、感想や声をお聞かせいただき、私は感謝しっぱなし、感激しっぱなしです。

北海道からも東京からも、もちろん地元の方々からも、感想や声が手紙で、電話で、あるいは直接お会いした時に、届きました。皆さんに読んでいただいて、ほんとうにもう、うれしい限りです。

さつき園の利用者の〇〇さんのお母さんは、一回目は初めから通して、二回目は気に入った個所に線を引きながら、そして今はあちこちページを気の向くままに開きながら、もう三回も読んでくださっているとのことです。ありがたいことです。

早々に〇〇さんにもこの本を買ってあげたら、大事に大事に手元に置いているのだそうです。そして、「お母さん、園長さんの本をそんなに汚しちゃぁいけんじゃないねー」と、お母さんを叱るのだそうです。〇〇さんのお母さんが笑いながら、そう教えてくださいました。

書籍一冊。『園長さん いつもにこにこしてますか』。しみじみ「頑張って本にしてよかった」と思います。

皆様ありがとうございます。これからもよろしくお願いいたします。

五月三一日（日）　母子との面談

先日、支援学校高等部二年生の男子とその母親との面談をしました。

言葉が出ないというその少年は細身の体を応接のソファに預けて、静かに座っています。母親が息子さんの学校での様子や家庭での様子を話してくれます。

食事でのこだわりや日常生活でのこだわり、要求の通し方や不満の解消の仕方などについて、話を聞きます。

「一五年、一六年かかって彼の今があるのですから、これから一五年、十六年かけるつもりで彼の生活をしっかり受け止めていきましょう。息子さんが時折奇声を発することがあると言われましたが、それは私たちが私たちの価値観を本人に無意識に強いているから起こるのです。なぜ奇声を発するのか分からないと言われるのは、息子さんの側に問題があると思っているからです。問題は周囲の人たちの息子さんに対する接し方に問題があるのだ、と考え直し、周囲の人たちこそ反省すべきなのです。障害のある息子さんに問題がある、と考えるべきではないのです。彼らはもうすでに一生懸命に生きています。努力すべきは私たちなのです」

母親の目に涙が滲んでいました。

焦ることはない。息子さんはすべて理解しています。何とかお母さんの気持ちに寄り添おうとしているのです。だから、そう無理をするから時折、たまらなくなって気持ちがあふれて、奇声を発するのです。それは奇声ではないのです。それは分って欲しいという彼の命の叫びなのです。私たちはそれを奇声と言ってしまっています。

そこで彼は、私たちから二重に疎外されてしまうのです。

何度でも言いますが、障害は彼が解決すべき問題ではなく、障害は私たちが解決すべき課題なのです。

面談の途中で、一度、にこっと笑った彼と、最後に握手をして別れました。

六月七日（日）　障害者への虐待防止・虐待根絶へ向けての一歩を

先日（五月二八日）、障害福祉サービス事業所職員による、あってはならない利用者への虐待行為が県下の事業所で発生していたことが、その生々しい虐待行為のショッキングな映像とともにマスコミにより報道されました。現在、所管する自治体が調査に入っているようですが、残念ながら、過去に虐待行為があったことは否定できないものと思われます。同じ障害者福祉関係者としてその責任を痛感し、私たちも対応を始めております。

長年、障害者福祉に携わってきた者の一人として、今、ここで私の思いを述べることをお許しいただきたい。

私は障害者虐待を引き起こす原因の一つには、施設・事業所職員の社会人としての生活習慣獲得の未熟さがあるように思います。

虐待防止には、例えば組織内に虐待防止委員会や人権倫理委員会などを設置して、組織一丸となって取り組むことは大事です。が、その時、その取り組みの第一歩として私たちが日々利用者と接する中で取り組むべきことは、まず施設長・事業所長以下、全職員の基本的な生活習慣を見直すことだと考えます。中でも相手への敬意を表すあいさつの徹底が重要です。

朝の職員同士のあいさつ、利用者へのあいさつから始まって、利用者・職員に限らず相手の好意や心遣いへの感謝、お世話になったお礼、ご迷惑をおかけしたお詫び、などなど、その時々にふさわしいあいさつの言葉を相手に対して心から素直に発することができるように、施設・事業所を挙げて取り組むことです。

利用者・職員とのあいさつもせずに仕事に入り、仕事を終えてもあいさつもせずに職場を出るなど、もってのほかです。まず、社会人として職場内での基本的な生活習慣を全職員が徹底して身につけることから始めることだと考えます。例えば、相手の顔を見ないままあいさつをするなどの行為は正さねばなりません。あいさつの仕方（その態度・その表情・その言い方）を見るだけで、その人の思いや感情は相手に伝わるのです。もちろんそれは利用者にも伝わるのです。福祉に携わる私たちは、日々の小さなあいさつをも疎かにしてはなりません。

四の五の言う前に、私たちはまず、私たちの施設・事業所での基本的な生活習慣の一つであるあいさつを徹底することに取り組もう。利用者へのあいさつ、職場の上司・同僚・部下へのあいさつ、保護者へのあいさつ、ボランティアなどの外来者へのあいさつ、などなど、目の前の相手に敬意を表すあいさつをすることを徹底したいと思います。それらを施設・事業所の全職員に実践させ、徹底させることが組織内に立ち上げた虐待防止・虐待根絶のための各種委員会がまず最初に取り組むべきことです。

組織内で、施設長・事業所長以下の全職員が相手に敬意を表すあいさつを徹底する。それぞれ異なる生い立ちがあり、様々な育てられ方や育ち方をした人間に、「人間はどこまでも平等である」という理念を実践させねばなりません。それをせずして障害者福祉はあり得ない。その実践・実現が障害者福祉に携わる者に課せられた使命なのです。それ故に、組織の責任者である施設長・事業所長の責任は誰よりも重大なのです。

今更、このようなことに言及せねばならない悔しさがありますが、未だに利用者の人権を無視した虐待行為が施設内・事業所内にはびこっている現実がある以上、私たちは社会人として、社会福祉・障害者福祉に携わる者として、今また一から、あいさつという基本的な生活習慣を身につけることに徹底して取り組まねばなりません。

すべての施設・事業所の施設長・事業所長を中心とした全職員が、「人間はどこまでも平等である」との理念を胸に、障害者虐待防止・虐待根絶への自覚と責任を持ち、徹底した取り組みを実践されるよう要請し、期待します。

六月一八日（木）　胸に刺さった言葉

先日、山口県知的障害者福祉協会で、山口県下の障害福祉サービス事業所での虐待暴行事件について検証するための会合を開きました。

そこにご出席いただいた、全国各地での同様の事件の検証、防止、根絶に尽力されている人のひと言が胸に刺さっています。

「あなた方は、『自分たちは運が悪かったんだ』と思ってはいないか」

一瞬、その場が凍りつきました。

九月二五日（金）　月に一度の保護者会

毎月のさつき園の保護者会に出席することを楽しみにされている保護者の〇〇さんについてお話しします。

先日のことです。たまたまその翌日が保護者会という日に来所された〇〇さんから「園長さん、これを」と、四〇〇字詰めの原稿用紙六枚を手渡されました。

「私の気持ちを書いてみました。お恥ずかしいんじゃが読んでください」とのことです。

そこには筆ペンで書かれたのか、保護者会への思いを綴った文字がマス目から溢れんばかりに綴られていました。なにせ九〇歳目前というご高齢ですので、文章が斜めになっていたり、判読に苦労する文字があったり、意味が通じないのではないかと思われる文章もあったりで、読むのに苦労しました。また同じ文章が二回も三回も書かれている個所もあります。何度も何度も書いては消し、また書き加えたりしながらの文章です。

私が、「〇〇さん。これ、私がパソコンで清書してみましょう。いいですかねぇ」とお願いすると、

「はい、はい。園長さんにそうしていただくとありがたいです」とのご返事です。

と、そんないきさつで清書させていただいた文章を、〇〇さんのお許しを得てここにご披露させていただくことにしましたので、皆様どうぞお読みください。

『月に一度の保護者会』

さつき園保護者〇〇〇〇

私たちの保護者会は遠方の人が多いので利用者の送迎便に一緒に便乗して来られます。岩国便、大島一周便、柳井便、由宇便、ホーム便、そして自家用車で出席します。

さつき園の玄関に入ると利用者の男女問わず、五、六人が笑顔で迎えてくれて、今日の保護者会が始まります。若いお母さん方のいれる熱いコーヒーを飲みながら会が始まります。副えん長も必ず出席されます。

まずは会長のあいさつ。次にえん長の今日の日程の説明、手伝いの作業の予定などの説明で

す。これは机上に配られているプリントに収めてあります。

同じ悩みを持った親どうし、誰に気兼ねもなく、心では泣きながら、時の経つのも忘れて思う存分胸の内を話します。

終わりに、来月の保護者会のあらましの予定等々を話し合います。

時の経つのも忘れて昼食の時間です。食堂の広さの関係で、先に利用者が食事をして、その後親たちがいただきます。利用者のにぎやかな声が聞こえます。笑顔が絶えません。利用者の一番うれしい時、又たのしい時です。利用者の笑顔、食べている様子でよく分かります。

次に保護者がいただきますが、話は尽きません。食事が終わりましたら、お昼の休憩になります。

午後一時になると午後の作業に移ります。利用者の作業のお手伝いです。今はみかんの皮むきの作業が一番です。利用者は慣れた手つきで無言で次々と皮をむきます。又、牡蠣落とし、ウエス用の古着の整理など色々とあります。

午後三時には利用者の終礼となり、「又、来月も体に気をつけて元気に会いましょう」と言いながら、お別れです。

今日一日、保護者会でたいへん勉強になりました。又たのしい一日でした。利用者と一日一緒に過ごすことがものすごく勉強になります。たのしい一日でした。来月も体に気をつけて元気に会いましょう。

今日一日、利用者と過ごしました。色々と勉強になりました。私たちの考えのつかないこともありました。でもたのしい一日でした。

運命に立ちむかう？
野風増　河嶋英五

保護者会の一日を過ごしました。利用者の意見も聞きたいです。ありがとうございました。利用者に感謝。よい勉強になりました。又、たのしい一日でした。ありがとう。


日本一の優しいさつき園になります。

古川えん長よろしくお願いします。

(平成二十七年六月三十日十三時書く。少し気分がわるいので悪しからず)


私が出版した本をお読みいただいたとのことなので、「野風増　河嶋英五」「運命に立ちむかう」などの文字も書かれています。

文章の最後に、

『日本一の優しいさつき園になります。古川えん長よろしくお願いします』とあります。

だから、こんな母親を目の前にして、私たちが弱音を吐くことはできないのです。原稿用紙のマス目にこだわることなく書き綴られた文章の一文字一文字をていねいに目で追いつつ、思いを新たにします。

一〇月七日（水）　利用者の高齢化と兄弟姉妹

手術・入院・自宅療養／転倒・骨折・ギブス／歩行不安・杖・手術……。

さつき園でも利用者の高齢化が厳しい課題になってきています。前述したのは、三人の七〇歳前後の利用者の最近の状況です。

しかし、これらの利用者はそうした状態が改善され、体調が戻ってくると、以前同様にさつき園に通所して来ます。それを他の利用者もそんなことは当然とでも言うように、利用者それぞれに労りの気持ちと行動を示しながら、以前と同じように受け入れています。自惚れでも何でもなく、また誤解を恐れずに言えば、利用者は元気になればさつき園に通所したいのです。

さつき園では本人がそうした高齢の状況でありながら通所されても、何とか職員の支援体制はとれますが、ご家庭での日常生活はたいへんです。利用者本人が七〇歳前後ということは、すでにご両親は九〇歳を超えておられ、高齢者施設などへ入所されていたり、あるいは亡くなられていたり、という状況です。その結果、ご兄弟姉妹に日常生活の維持、あるいは具体的な介護を頼らざるを得ません。

しかしながら、ご兄弟姉妹ですから当然本人と年齢も近く、健康状態も万全とはいきません。障害の兄弟姉妹の生活をみる兄弟姉妹の心身の負担は、おそらく私たちの想像を超えています。園長室でお話を伺っていても、時折、思いが溢れて絶句された時などに、その苦悩が瞬間その表情に出ます。

障害者の意思決定を保障しなさい、障害者の自己決定を尊重しなさい、というけれど、現実場面での苦しさは当事者であるご兄弟姉妹にしか分からないのです。利用者本人はさつき園に通いたいし、これからもずっと通うつもりでいる。国の制度は、六五歳を過ぎれば介護保険制度を利用するように、というけれど、私はさつき園に通いたい……。しかし、ご家庭でのご兄弟姉妹の介護力はもうぎりぎりいっぱい。制度や家族状況は果たして本人の「さつき園に通いたい」という意思を保障する環境にあるだろうか。

親は障害の子を持つまでは、自分の青春時代があり、障害者のことなど考えもしなかったし、考えることなどしなくて済んだ。しかし、障害者と呼ばれる人の兄弟姉妹は生まれた時から障害者のことを感じずには、あるいは意識せずには生きてこられなかったのです。時には我慢させられ、親の愛情に飢えても声にも出せず……。なのに、お互い年老いてきた今、親に代わって障害の兄弟姉妹の生活をみなくてはならない……。ご兄弟姉妹はそのことにどう決着をつけておられるのか。

利用者の高齢化の問題は予想されたことだけれど、情けないことに、私たちの支援はそのご兄弟姉妹の苦しみや悩みまでには、思い至ってはいなかったのです。

一一月二六日（木）　母親との約束

昨年一〇月の総合支援学校の進路情報交換会の折に、今は高等部に通う息子さんを先々はさつき園に通わせたい、という母親と面談しました。

残念なことに自宅はさつき園の送迎便の送迎コースからはかなり遠くにありました。

「さつき園がこの子に合っていると思いますので、通わせたいです。何とか、自宅の近くまで送迎してもらえませんか」とお願いされます。

「むー、今の送迎コースからはかなり遠回りになりますねぇ。送迎コースの近くまで車か何かで出られませんか」と私。

「出られるといいんですが、私免許は持っているのですが運転したことがないんです。ペーパードライバーなんです」

「お母さん。さつき園に通いたいと言ってもらえてうれしいです。でも、送迎コースを変更するということはいろいろなところに影響がありますので、はいそうしましょう、と言う訳にはいきません。ですが、さつき園も送迎コースについて職員とよく相談し、検討します」

「そうですか。ありがとうございます」

「さつき園も相談、検討し、努力しますので、お母さんもせっかく運転免許を持っているのだから運転できるように努力してみてください。お母さんも努力する。そしてさつき園も努力する。お互いに努力して、息子さんのさつき園への通所について前向きに考えましょう」

その後、年が明けて数ヵ月経った頃、ご夫婦でさつき園にお越しくださいました。そこでまたお互いの気持ちと状況を確認し合いました。

でも、お母さんはまだ運転の練習はされていませんでした。車もまだ買っていないとのことでした。

どうなることかと、口には出しませんが心配しきりの私はお母さんを励まします。

「頑張って運転の練習をしましょう」

「はい、何とか頑張ります」

そして、今年の秋の進路情報交換会。

お母さんが私のテーブルの前に来られ、用意された椅子に座られます。

「園長さん、すみません。息子は○○○に通わせたいと思います。申し訳ありません。せっかくあれこれご検討いただいたのに……」

「いやいや、そんなこと気にされることはありません。ご本人の様子とご家庭で相談された結果ですから、そんなに申し訳ないなどと思われなくてもいいんですよ」

「でもね、園長さん。私、園長さんと約束したから、あれから車を買って、とても怖かったけど頑張って運転の練習をしたんですよ」

「えー、それはすごい」

「はい、何度かさつき園まで来ようとしたこともあるんですよ。でも途中でもう駄目だと思って帰ってしまったんです」

「えー、頑張りましたね」

「園長さん。私、園長さんと約束したから頑張って車の運転に挑戦したんです。今は何とか、息子が通う事業所の送迎コースまでは運転できるようになったんです。園長さんとの約束がなかったら、私はずっと運転ができずにいたと思います。お陰で運転ができるようになり、生活も行動範囲も変わりました」

「そうですか。よかったですねー」

「はい。園長さんの励ましがあったからできました。園長さんに出会えて本当に感謝しています」

　私との会話の合間合間に、お母さんは息子さんがさつき園に通わないということを申し訳ない、すみませんと、しきりに詫びられます。

「息子のためにもどんなにか役立つだろうと思うと、感謝でいっぱいです」

　さつき園に通ってもらえなくても、お母さんが私との約束を、時が経ってもちゃんと守ってくれたことがうれしかった。

　そういう親御さんがいることが私たちの励みになります。

親は子のためには怖いことも危険なことも、厭わず、時間がかかっても成し遂げようとするものなのです。

私たちが障害の子を持つ親から、そしてその子から学ぶことはたくさんあるのです。

お母さん、頑張ってください。

一二月八日（火）　マエケン

たいへんです。朝から〇〇さんが荒れています。

荒れたまま園長室に顔を出したかと思うと、興奮した大きな声で、

「マエケン　イクナ　イカンホウガエエ！」

「イクナ　イクナ　マエケン　イカンホウガエエ！」と、繰り返します。

今年の夏、一年振りにさつき園に会いに来てくれた東海地方に住む弟さんから、大ファンのプロ野球広島東洋カープのエース前田健太投手・背番号一八のユニフォームをプレゼントされた〇〇さん。その時のうれしそうな顔は職員みんなが知っています。

その大ファンのマエケン（前田健太・マエダケンタ）が以前から希望していたアメリカ大リーグへの挑戦をカープ球団が了承したのです。

大好きなマエケンがカープを出てアメリカに行くことに反対する〇〇さん。

両の目を大きく見開いて、興奮のあまりに声は少し震えています。

「えーじゃー。マエケンも黒田（博樹・広島東洋カープ投手）みたいにアメリカに行って活躍したいんよ。応援しちゃれよ」と私。

「イケン。イカンホウガエエ。マエケンイクナ」

もう、止まりません。廊下に出ても、繰り返すマエケンへの思い。

久しぶりに気合の入った○○さんを見ました。

マエケンよ。頼むから頑張ってくれよ。君の知らない所で、君の熱烈なファンは君のことを本当に心配しているよ。

おーい、マエケンよ。聞こえているかー。この春、日本球界に復帰してくれた黒田のように、君もアメリカで大活躍してくれよー!!

○○さんの気持ちに押されて、マエケンの行く大リーグの球団がどこになろうとも、さつき園も応援するぞ。

一二月一三日（日） 異論 金子みすゞ

金子みすゞの詩の『わたしと小鳥と鈴と』についての異論。

皆さんすでにご存知の通り、この詩で金子みすゞは「みんなちがってみんないい」と詠っています。

けれど、『わたしと小鳥と鈴と』の中で感情を持っているのは「わたし」（人間）だけです。

小鳥や鈴にとって、「みんなちがってみんないい」などの言語表現は意味のないこと。乱暴に言えば、小鳥や鈴にとってそんなことなどどうでもいいことです。いや、どうでもいいという思いさえ抱くことはありません。知性、感性を持たないのですから。

感情を持たない小鳥や鈴と、感情を持つ人間を一緒に見ることはできないでしょう。それを、障害者問題に当てはめて、したり顔で「みんなちがってみんないい」と言い募る人たちがいますが、いかがなものでしょうか。

人は、どんなに障害があろうが、なかろうが、それぞれに固有の価値があって、違っていてもいいいんだよ……。

果たして、そんなことで障害者問題は、そして差別や偏見の問題は、解決に向かうのでしょうか。そこには、見た目や言動の違いが偏見や差別を生んでいるのが私たちの人間社会だ、という視力と感度がありません。

私たち人類は多重の、そして多面の感情を持っているために、その長い歴史の中でお互いに対する差別や偏見を不可避的に抱え込んできました。人間は自分と他人を比べて、他人が自分よりもわずかなりとも劣っていると思われるところを探し出し、陰に陽に蔑み、憐れみ、自分の方が優れている、この社会での価値がある、と思いたいのです。そうせざるを得ないところで精神の安定を図っているのです。私たちは己の心の中をよく見るがいいのです。

人間の感情には、根深く、他人に対する優越感と劣等感が混在しています。そうした感情の複雑な動きが、私たち人類の価値観を形成してきました。そのことから目を逸らすことなく、問題は提起されねばなりません。

自分と他人とを比較した時、見た目や言動に違いや差を見つけ、そこにわずかなりとも他人に対する優越感が持てないと、己を屹立させられないのが私たち人間、私たち人類。しかし、それによって傷つき倒れていく、「みんな」の中に入れない人間、人類もいるのです。また「みんな」と同じになりたい、と必死に努力している人間もいるのです。「みんな」に近づくために、その違いや差を埋めるために、人知れず悔し涙を流しながら明日を夢見る人間もいます。けれど、差別や偏見は〈個〉の力では解決できません。

人類が長年にわたって形成し、保持してきた価値観。その既成の価値観を転換して、新しい価値観を創造することは、人間・人類に感情というものが形成されてきた膨大な時の積み重なりへの挑戦です。

それこそが福祉の命題なのです。ことに障害者福祉の命題なのです。

この詩の「みんなちがってみんないい」は人口に膾炙《かいしゃ》されているような意味を持つのではないのではないか。作者金子みすゞがここで詠いたかったことはもっと別のことだったのではないのか、という思いもします。

私たちの人類社会において「みんなちがってみんないい」という表現は、いかに「詩」としての表現であっても、わずかなりといえども障害者福祉に携わる者としては、「そうですね」

と言って受け入れるには、あまりに無防備と思える表現なのです。

みなさんのご意見をお聞かせいただければ有り難いです。

一二月二四日（木）　天真爛漫の人生

以前、◯◯さんはさつき園に通所していました。

その後、一◯数年前に近隣に入所の施設ができたのを機にそちらに移っていきました。

先日、その◯◯さんが亡くなったとの知らせがありました。

さつき園に通っていた頃、お父さんが不慮の事故で亡くなられ、その後はお母さんと二人暮らしで、元気にさつき園に通ってくれていました。

お母さんはとても控えめで、いつも穏やかな話しぶりの方でした。

◯◯さんは、

「おまえは家はどこかぁー」「わしゃ、□□（地区の名称）ど」

と、会う人ごとにそう聞いて回るのが癖でした。私もさつき園に勤め始めた頃にはよくそう聞かれた記憶があります。

女性でも小柄なほうの◯◯さんは夏でも、いつもモコモコとたくさんの着物を重ね着していました。

ある日のことです。

たった今、さつき園が終わって送迎便で家まで送って行ったのに、もうさつき園に戻って来ている、ということがありました。

「ありゃ、○○さん、あんたぁどうしたんかね。またさつき園に来たんかね」と職員が問うと、「おー、わしゃー歩いて来たんど」と平気な顔で言うのです。

いやいや、そんなに簡単に歩いて来られるような距離ではありません。その場にいた職員は皆、びっくりしたことを思い出します。

小雨降る中、○○さんのお通夜に行きました。

お母さんも亡くなられており、○○さんには兄弟姉妹もおられないので、親戚の方が成年後見人をされておられ、ご葬儀のお世話もされているということでした。

祭壇の○○さんの遺影は、白い帽子《ハット》をかぶった○○さんが少し微笑み加減に右手でVサインをしています。今にも、「おまえは家はどこかぁー」「わしゃ、□□（地区の名称）ど」と言いそうな表情です。

読経のあと、○○さんをよく知るそのご住職は、

「欲もなく、怒りもなく、愚痴も言わず。○○さんはそんな方でした」と、初めて○○さんの家を訪れた時の話をされます。

○○さんにまつわるご住職のお話をお聞きしながら、私は、

「まったくその通り。○○さんは茶目っ気たっぷりで、周りの人みんなに愛され、可愛がられ、

人を困らせることはなく、恩着せがましくもなく、お母さんを慕い、『あはは、あはは』と笑う人だった。この世に生まれて、欲なく、怒りなく、愚痴もなく。これぞ正真正銘の天真爛漫の人生なのだ」と得心していました。

欲なく、怒りなく、愚痴もなく、〇〇さん六七歳。

「〇〇さん、さようなら。ありがとうございました。私たちは本当はあなたのように生きたいのですよ」と、遺影に語りかけます。

通夜の始まる前に棺の中の〇〇さんにお会いしました。やっぱり「おまえは家はどこかぁー」「わしゃ、□□（地区の名称）ど」と、今にも笑いかけながら言い出しそうな〇〇さんでした。

天真爛漫の人生。この世に生まれたことそのことが、意味のある、また価値のある人生なのです。通夜に参列した私の心は涙で濡れることはなく「〇〇さん、あっぱれですね」と晴れやかでありました。

一月二八日（木）　利用者の素顔

現在、さつき園は利用者定員が五二名で、利用者現員が六〇名です。その六〇名はそれぞれ岩国市や柳井市、平生町、田布施町、そして地元の周防大島町から、さつき園の送迎便を利用して通って来てくれています。

その中の一人だった○○さんは昨年一一月末にさつき園を退所していきました。さつき園に通所していた頃は、それぞれ日を分けて二つの障害福祉サービス事業所に通っていました。そして、二ヵ所への通所を一ヵ所にするというので、さつき園を退所していったのです。

私はその○○さんと、朝、さつき園へ通勤する車で、時折、すれ違います。私の通勤コースで、さつき園間近かのところに○○さんの自宅があるのです。私とすれ違う時は、おそらく○○さんは一ヵ所に決めたその障害福祉サービス事業所に通うために、事業所の送迎便の待ち合わせ場所まで歩いていく途中なのだと思います。

ところが、さつき園ではいつも笑顔で明るく振る舞い、よくお喋りをしてくれていたのに、朝すれ違う時の○○さんの顔のおっかないことといったら……。眉間にしわを寄せて、何か深刻な悩みでもあるかのように、少しうつむき加減の姿勢でとぼとぼと歩いているのです。それは思わず、運転しながら「おい、○○さん、そんな深刻な顔をしてどうしたんだい？」と声をかけたくなるほどです。どうして○○さんがそんな表情を作って朝歩いているのか、私には分かりません。分かりませんが、心配です。

障害者の中には、特に知的障害者と呼ばれる人たちの中には親の行動の見よう見まねで、世間話やお愛想を言うのが得意な人がいます。○○さんもそんな一人でした。よくお喋りをするし、お愛想も上手に言いました。

それが、朝、人通りのまばらな道で車ですれ違う時の○○さんは、誰にも見られていないという意識が働いているからなのでしょうか、それとも不快なことがあるのか、悩みがあるのか、またどこか体の具合でも悪いのか、と思わせるほどの厳しい表情でうつむき加減で歩いているのです。

あの顔が○○さんの素顔なのか。考えさせられます。さつき園に通ってくれていた頃の、私たちに見せたあの笑顔や明るさはどこへ行ったのか。

そして私は、さつき園に通ってきてくれている利用者の素顔はいったいどこにあるのか、と考えます。私たちに見せてくれている彼らのあの表情は、ひょっとして彼らの素顔ではないのではないか……。彼らは、世間の誰にも悟られないように、自分の素顔は心の奥深くに隠して生きているのかもしれません……。

三月六日（日）　出版一周年

昨年の三月七日、私（古川英希）は『園長さん　いつもにこにこしてますか』と題した本を自費出版しました。いろんな方々のお力添えをいただいての出版でした。

あれから一年経ちます。

どんな方が、どこで手に取ってお読みいただいているのでしょうか。お読みいただいてのご感想はいかがでしょうか。その本のあとがきにも書きましたが、今もそうした不安は消えません。投げたボールはいったいどこに転がっていったのか。人知れず、草むらや物陰で見失われているのか。あるいはどなたかがちゃんと受け取ってくださっているのか。あー、ちゃんと受け取ってくださったのだなあ、と思わせてくださる声が届くと、私はられしく、元気、勇気が出ます。

幾人かの方々からは直接声をいただきました。また、お便りやお電話、メールをいただいた方々もおられます。

びっくりしたのは、「東京・新宿の紀伊國屋書店で偶然眼に留まって、買い求めました」と、仕事の関係で東京に戻られ、ご無沙汰していたその方からお電話をいただいたときです。久し振りにその方の声を耳にする懐かしさと、『園長さん いつもにこにこしてますか』の本が、あの東京・新宿の紀伊國屋書店の書棚に並んでいるのかという、思いもよらぬことへの感慨が私の胸を熱くしていました。

ブログ『園長室』は平成一七年の七月から書き綴っており、今も続けて書かせていただいております。

そこでは、私のこれまで障害者福祉に携わってきた約四〇年の中での様々な思い、意見、考えをとりとめもなく書き綴っております。そして何より、今のわが国の障害者福祉現場の実際を知っていただこうと、さつき園での利用者、保護者、職員諸君等との日々を社会の皆様に向けて書き綴ってきました。

本には、当時五四四個あった見出しの中から二三三個を選んでまとめました。

そんな私の思いは果たして皆様に届いたでしょうか。

『園長さん いつもにこにこしてますか』は利用者からの私へのメッセージなのです。私は、園長の私がどんなときでも利用者の前では『いつもにこにこしていること』が、彼らの人生に元気と勇気をもたらすものと思っています。

出版一周年を迎えて、心から皆様に御礼を申し上げます。

お世話になります。ありがとうございます。これからもよろしくお願いいたします。

三月二九日(火) グループホームでの生活

たまたまグループホームの世話人と、しばし話す機会がありました。

さつき園は三つのグループホームを開設しています。三つ合わせて個室が一三室あり、一三人の利用者が入居しています。実家のある人は月曜日から金曜日までをグループホームからさつき園に通いながら、日々生活しています。

世話人の話はいつも興味深いものがあります。今回もそうでした。

利用者はどの人も、日頃寝起きする生活場面ではさつき園では見せない表情を見せます。

以下、あるグループホームの世話人の話です。
○○さんはたいへんゆっくりだし、広い範囲はできないけど、草むしりはていねいにするんですよ。でも、自分の思いが叶わないときには、夜中に冷蔵庫の物を黙って食べてしまったり、トイレに物を詰めてしまったりします。かまってほしいんでしょうね。

□□さんは食事のとき、みんなのお茶碗を並べてくれます。でも、食べた後の食器洗いなんかはしようとはしません。

その点、△△さんはよく洗い物をしてくれますよ。でも、食器洗いは上手にしますが、以前は衣類の洗濯を毎日山のようにしていました。今はそんなことはしなくなりました。あまり回数が多いので、洗濯機を使うのを順番にしたのです。

◇◇さんは自分からは話はあまりしませんね。おとなしいです。

〇〇さんはそんな◇◇さんにいつも優しく声をかけて、気遣っています。ほんとうは優しいんですよ。

みんな今日はどの世話人が来る日かをちゃんと知っています。そして、その世話人に合わせて自分のすることをしています。私に甘えてくる人もいれば、ほかの世話人のことをあれこれ話してくれる人もいます。

▽▽ホームは四人のうち二人は自宅があるので、金曜日の夜から月曜日の朝までは家に帰ります。でも、もう親が亡くなっていたり、親の世話が受けられない人は帰る家はありません。なので、その人たちは平日に比べて週末はどことなく二人ともイライラ気味で、態度がきつくなったりします。かわいそうだけど仕方がありません。だから、時々は世話人同士が協力して

ドライブがてら外に連れて出ます。

どの人も、世話人と二人だけの時は甘えてきますよ。そんな時はみんなといる時とは違った顔をしています。それぞれどの人も、それなりに気を遣っているんですね。だから、さつき園にいる時と、グループホームでみんなといる時と、グループホームで世話人と二人だけの時と、それぞれ違う表情をしているんだと思います。そうやって、あの人たちはあの人たちで一生懸命に生活しているんですよね。あまり叱らないようにしないといけませんね……。

最後はしみじみとなりました。

何度でも言いますが、命に障害はないのです。感性に障害はないのです。

平成二八年度

四月一五日（金）　地域のまなざし

昨日、利用者の○○さんが軽運動（散歩）の時間に園外を散歩していた時、地域の方にご迷惑をかけてしまいました。

その経緯について、その時近くにいた職員から報告を受けました。

地域の方にお詫びし、ご理解をいただきました、との報告です。

その時、地域の方から、「最近、気になっていることなんじゃが―」と一、二のご忠告を受けたとのことでした。

さつき園はこの地で施設を開き、地域の方々のご理解とご支援とご協力に支えられて、三〇年近く障害者福祉事業を行ってきています。そして、私がさつき園に勤めて早二〇年になろうとしています。その間、数回、さつき園に関して地域の方々からご意見やご忠告を受けてきました。

私はそれを、二〇年間の内にわずか数回のご忠告だからと、地域の方々はさつき園の存在を認め、その在り方にご理解をいただいていると勝手に独り決めをしていました。

しかし、そうではない、と今、改めて気づかされました。地域のまなざしは果たして優しいだけではないのです。言おうか言うまいか、と心の中で迷いに迷っておられることが多々あるのです。

昨日は連絡が取れませんでしたので、今朝、昨日○○さんがご迷惑をおかけしたその方にお会いして、園長としてお詫びをしました。

その時の地域の方の言葉です。

「昨日はあんなことを言うてしもうて、寝られんかったんですよ」

地域の方々の思いが重く胸に響きます。

地域のまなざしは、決して冷たく、厳しいものではありません。しかし、何事もないからといって、地域のまなざしは決して優しいだけではないのです。

地域の方々には言葉にしない、言葉にできない様々な思いがある。そのことを私たちが見ようとしなければ、外面だけの、表面だけの障害者福祉の実践に堕してしまいます。

貴重な体験をしました。障害者福祉は私たちだけで実践しているのではないのです。

四月二七日（水）　利用者のきつーいひと言

昨日のことです。

昼の休憩時間に作業室に通じる廊下で、○○さんとすれ違いました。

「今日は暑いねー」と私。

「はい」と○○さん。

と、何を思ったのか、○○さんが私の右の袖を引っ張ります。

「うっ？　何？」と私。

すると、〇〇さん、ちょっと声をひそめて、

「園長さん、園長さんは額が広いですね」と、きた。

日頃、私と言葉を交わすことの少ない〇〇さんの思わぬひと言に、一瞬、戸惑う私。

「えっ⁉　あー。あのね、〇〇さん。ここはね、額じゃないよ。ここはもう頭じゃー」

初夏を思わせる陽気の、さつき園のお昼の休憩時間での一コマです。

利用者との会話で、同じようなことを何度も経験していますが、やっぱり利用者にはかないません。

私の姿、形をご存知ない方には、「何のことやら」でしょうか。

いいえ、いいえ。私の額、いや頭は、みなさんが想像される通りの額、いや、頭なのです。

五月一七日（火）　量は質を語れない

昨年三月、思うところがあって一冊の本を出版しました。

僭越ながら、その本の「あとがき」に私の意志表示として載せた自作の拙い詩を、ここに再掲させていただきます。

それは、今、障害者福祉はその質を語るよりも量ばかりを語っているように思うからです。

施設・事業所の利用者である障害者個人の心情や思い、感情などを理解しようとするよりも、

例えばいかに報酬を増やすために加算を多く取るか。いかに人件費を抑えながら職員配置基準を満たすか。いかに平均支援区分を上げるか。いかに工賃を上げるか……。そうした足し算や引き算、掛け算や割り算に日々知恵を絞っている。そこでは利用者一人ひとりの人生や生活や心情に思いを馳せることなど、思いもよらぬこと。利用者支援の質よりも、施設・事業所の経営や存続が最優先されているのです。それはそれで大事なことには違いないから、そのことに対しては誰も疑義を挟むこともできず、それが正論としてまかり通っている。

曰く、支援区分をより重く。曰く、よりたくさんの加算をとるために資格者を集めよ。曰く、稼働率・出席率を上げよ。曰く、支援の質を担保するよりも常勤換算でコストを抑えよ……。

しかし、それでいいのか。いったいそこに、利用者一人ひとりの人生を、生活を、そして心情や心理を見据えた思想はあるのか。理念はあるのか。それは果たして障害者福祉か。利用者は事業者が報酬を得るための一つの数値あるいは条件でしかないのか……。

私たちは、量に目を奪われて質をないがしろにしてはいないか。

昨日出席したある会議でも、このことに思わず知らず言及していました。

今、私の中にそんな欝々とした思いがあります。

そんな昨今、なんと、思いもかけずこの詩をほめてくださる人がありました。それに勇気を得て、また欝々とした思いを自ら払拭し、これまでの日々の歩みを止めぬために、ここに恥ずかしげもなく自作の詩を再掲することをお許しいただきたい。

未来への意志

あなたの小さく上げたおとがいに　未来への意志が宿り
あなたの遠くを見る眼差しに　わたしは曠野を行く
こころあたたかきものは　こころやわらかきもの

言葉は　量よりも質と知れ
この世界では　量は質を語れない
だから
質は未来への意志で示す

関係があうんの中にあるとき
関係は鋭く硬い意志となって
果てなき未来へ向かう

あなたが倒れれば　わたしがその意志を負うて歩く
わたしが倒れれば　あなたがわたしの意志を負うて歩け

関係を生きるとは　そういうことだ

あなたよ　その小さく上げたおとがいを　下ろすな

〈了〉


大事なことはどれだけ言辞を弄するかではなく、言辞を以って何を語るかだ。

それは障害者福祉も同じ。

大事なことはどれだけ支援の量を増やすかではなく、何のための支援かを問い、支援で何をするかだ。

私たちは常に福祉の質を問い続けねばならないのです。

私たちは福祉の質の向上にその使命を負っているのです。

五月二七日（金）　私たちに正義はない

昨年のテレビ報道による、山口県下の障害福祉サービス事業所における利用者（障害者）虐待発覚から、明日で一年が経ちます。

私は、しかし一年が経っても、いまだに障害者虐待防止、根絶について語る言葉を持ちません。

けれども敢えて、また不遜を顧みず、障害者福祉に携わるみなさんに問います。

私たちは、私たちの存在自体が、障害者の、ことに知的障害者と呼ばれる人たちに対して生《せい》殺《さつ》与《よ》奪《だつ》の立場にあることを深く自覚しなくてはなりません。その認識を間違えるとき、私たちは知的障害者に対し無言の圧力となり、虐待者となるのです。

障害者虐待を考えるとき、私たちの心に正義が宿ることは許されません。

虐待をする職員を虐待などはしない私が検証し、総括するのだ……と、正義を振りかざすことは傲慢です。自分は虐待などはしない、と言う人は、人間の存在には「不可避な関係性」があるということが見えていないのです。そんな人に障害者虐待問題の本質が分かるはずがない。

私もあなたも、いったん「不可避な関係性」に陥れば、その関係性の中で虐待を犯すのです。

だから、私たちに正義はない。

利用者（障害者）虐待発覚から明日で一年が経ちますが、一年が経っても、私はいまだに障害者虐待防止、根絶について語る言葉を持ち得ないでいます。

多くを語らぬ利用者のほおの痛みは消えず、多くを語らぬ親の心の痛みは誰にも明かされないまま、癒えないままです。

「べき論」を語るな。「私も虐待を犯す存在なのだ」との自己認識の下での、本質を突いた検証と議論と総括をせよ。そしてそこから見えてくる虐待防止、虐待根絶の道筋を見極めるのだ。

六月五日（日）　人生の別れ

さつき園のグループホームで生活する○○さんは幼い頃に父親を亡くしました。その○○さんが、女手一つで男の子三人を育てた母親を先週、見送りました。

長子を亡くし、しかもその八〇年に及ばんとする人生の大半を、地元ではない土地の病院で長い長い闘病生活を送った母親。○○さんはその母親とは、もう何十年ものあいだ会うことがなりませんでした。また、遠く離れて暮らす弟さんとも、年に一度、夏に会いに来てもらうばかりです。

葬儀会場の一番前の親族の席に座っている○○さん。

座っていても落ち着きません。視線が祭壇の遺影に向かったり、足元を見つめたり……。

さつき園から出席した私と職員二人。○○さんが気になります。どこまで母親の死を理解しているのだろうか。

親族を代表しての弟さんの会葬者へのごあいさつも終わり、棺の母親を花で飾り、いよいよお別れの時が近づきます。その時、弟さんが○○さんに、母親の顔に手で触れるように促します。そう促されて、少し戸惑いつつも、手を差し出す○○さん。

と、○○さんが母親の顔に手で触れたと思われた瞬間、○○さんの表情が激しく崩れました。○○さんが嗚咽をあげんばかりの声を上げ、泣き顔を見せています。

それまで我慢していたのか、亡くなって眠るように横たわるその母親のほおに触れた瞬間、一気に込み上げるものがあったのか。激しく表情を崩して泣いています。

「もう会えん！　もう会えん！」
○○さんの震える声が耳の奥に残ります。
人生の別れは、誰にも訪れる試練です。

六月一八日（土）　情熱を注ぐ、ということ

人生には、ある情熱を持って取り組まねばならないことがいくつかある。

遊びもそう、勉学もそう、恋愛もそう。そして、仕事も。

その情熱を持って取り組むべき仕事に福祉を選んだ私たち。それも障害者福祉の仕事だ。

果たして、今、私たちはその仕事に情熱を注いでいるか。

選んだ理由は問わない。今、その仕事に情熱を注いでいるか、を問いたい。

さつき園は通所の事業所だから、利用者は毎日、元気に自宅やグループホームからさつき園の送迎便に乗って通所してくる。

「おはよう！」「おはよう！」「おはようございまーす」

この利用者の口々のあいさつがさつき園に響いて、今日もいつものさつき園の一日が始まる。

毎朝の利用者のあいさつの元気の良さに職員は圧倒されている。利用者のあいさつの声には曇

りがない。もちろん中にはあいさつができない、あいさつをしない利用者もいる。それは障害のためか、機嫌が悪いせいか。あるいは別の理由なのかもしれない。しかし、彼らも毎日、元気にさつき園にやって来てくれている。

その利用者の、「今日もさつき園に行こう」「今日もさつき園に通いたい」という思いに、私たちはどれほどきちんと応えているか。

さつき園には仲間がいる。職員もいる。お隣には中学生もいる。地域の人もやって来る。様々な出入りの業者の人もやって来る。利用者にとってはみんな友だちだ。生きる仲間だ。その生きる仲間との楽しい、時に辛い時もあるが、生きがいのある彼らの生活、彼らの人生を支えるのが私たちの仕事だ。情熱を持って取り組むべき仕事だ。

またぞろ障害者施設で利用者虐待が起こっていたことが、先日、ニュース報道された。例え、障害者を支援する立場にある人がどんなに一生懸命に支援をしたとしても、あるいはどんなに専門性を磨いてそれを支援に発揮しようとしたとしても、その人に障害者の側《がわ》に立つ感性、障害者の歩む人生に想像を巡らせる感性がなければ、障害者虐待には抗しきれない。私たちが障害者から学ぶべきこと、教えてもらうべきことは、まだまだ山ほどある。情熱はそのことに注ぎたい。

六月二八日（火）　性善説は人類のロマンか

先日、車の定期点検で訪れた販売店で、たまたまテーブルに置いてあった朝日新聞を手に取りました。六月二六日（日）付です。

その時、目に留まった文章。それはみなさんよくご存じのあの有名な「天声人語」でした。何年振りかで読みます。そこに紹介されていたのは傘の話。

それは、福井市の女子高校生らが一〇年前から続けている傘の無料貸し出しの話です。駅などに置いた傘二〇〇本。それがわずか一ヵ月後には、何と九割もの傘が戻ってこなかったとか。生徒たちは落胆しました。だけど応援してくれる慈善団体などの支援を受けて傘の補充をし、返却を訴えるポスターも作って活動を続けました。しかし、いっこうに返却率は上がらなかった……。

「これほど持ち去られては意味がない」との声が強まり、この「愛の傘」は一〇年を区切りに幕をおろすことになった、と書かれていました。累積一、一〇〇本。

携わってきたある女子高校生の言葉。「あきらめました。傘のことだけで言うなら、人は性善説よりも性悪説の方があてはまる気がします」

あなたは、例えば駅に備えてある無料貸し出しの傘を借りたとしたら、ちゃんと返しますか。どこの誰だかが分からなければ、返しませんか。返却するために傘を乾かしたりするのは面倒ですか。自分ということが誰にも分からなければ、性悪説を実証してみせますか。どうせ誰にも分かることはないんだからと……。

あるいは自分の匿名性が担保できていれば、誰かの存在や、あるいは誰かの言動を、嵩にかかって口汚くののしりますか。そんなことで気晴らしをする、あなたの生きる現実とはどんなものですか。

反対に、例えばあなたが偶然にも性善説を実証したときは、それとなく誰かに気がついてもらうように振る舞いますか。それは私がしたことですよと……。

人にバレなければ、あいつらにバレなければ、社会にバレなければ、よその国にバレなければ、自分や自分たちに都合のいいこと利益になることなら、何の抵抗もなく平然とやってのける。

今や、人も集団も、企業も国も、それがバレなければ何にでも手を染めていくのです。

そんなことをする人間はどんな生い立ちなのか、どんな育てられ方をしたのか、と反射的に思います。しかし、非情にも人は自分の生い立ちを自分で選ぶことができない。自分の育てられ方を自分で選ぶこともできない。

そして組織の恐ろしさも思う。あいつらがやるから俺（たち）もやる。やらなきゃ俺（たち）がやられる。

インターネット上での「炎上」とは、顔を見せない人間たちの自己否定の極み。

性善説は人類の永遠のロマンでしかないのか？

……、私に確固たる自信はないけれど、借りた傘は返そうと思う。

七月四日（月）　感性、そして命に障害はない

あの人たちがそう言うから自分もそう思う……。

どうしてあなたは自分自身の実感を大事にしないのですか。どうして、自分の実感よりも他人の意見や感想を大事にするのですか。

あの人たちが彼や彼女や彼らのことをそう言うから、あなたも何の疑問もなく、彼はすることが稚拙な障害者だ、彼女は反応が鈍い障害者だ、そして彼らは支離滅裂なことを言う障害者だ、などと思うのですか。

こうして、いつの時代になっても、どんな社会にあっても障害者差別の連鎖は止まらず、己を健常者と呼ぶ人たちによって彼らは差別され、あたかもそれが実像であるかのように作り上げられていく障害者像。

そんな時代と社会にあって、私の障害者との、あるいは障害者福祉との関わりは、学生時代からの関わりを勘定に入れると四四年になります。

重症心身障害児（者）と言われている人たちとその親御さんたち。また知的障害者と言われている人たちとその親御さんたち。四四年の間にそうした多くの人たちにお会いし、いろんな

お話をお聞かせいただき、また私もあれこれお話しさせていただきました。そこで私はたくさんのことを学び、たくさんのことを教えていただいたのです。

そんな長いとも短いとも思える時の中で私が学び取ったことは、例え、その身にどんな障害があろうと、また、いかに重い障害があろうと、彼らの感性に障害はないということです。ましてや彼らの命に障害はないということです。

障害は、自らを健常者と呼んではばからない私たちの心の中に巣くっている幻想なのです。

私は自分自身の実感を大事にして生きたいと思います。

七月二六日（火）　これが社会の本音か

神奈川県の知的障害者入所施設で障害者一九人死亡、二六人負傷という殺傷事件が起きた。何ということか。こんな事件が起こるとは……。

動機や、事件に至るまでの容疑者の精神の経緯、思考の過程を十分検証せねばならない。恨みによるものか何によるものかはまだ不明だが、惨いことをするものだ。容疑者の男は、「障害者なんか、いなくなればいい」と言っているとか。

軽々に意見や感想を、ましてや評論などを述べるのは控えねばならないが、これが今の我が国の社会の障害者に対する本音だとしたら……。

あの自由の国アメリカを見よ。アメリカの次期大統領選挙前段の予備選挙はどうだ。何が民主主義だ。何が自由主義だ。独善的な思想が公然と見栄を切っている。拍手喝采を浴びている。

アメリカに呆れていたら、何と、我が国の社会福祉思想の社会への浸透力のなさ、レベルの低さが知れてしまった。それは形だけの、中身は貧弱なお粗末極まりないものだった。

「障害者なんか、いなくなればいい」などと、二度と言わせない。

私たちが常に意識し、もの申さねばならないのは、国ではない。国の施策ではない。私たちが常に意識し、闘わねばならないのは社会だ。私たちが生きる、生活するこの社会だ。

国という幻想などではなく、社会という生身の私たち一人ひとりが生きて、生活して、死んでいく実体としての社会を常に意識し、感じていなくてはならない。福祉はバーチャルな世界での出来事ではない。指一本でリセットされてたまるか。

「障害者なんか、いなくなればいい」などと、二度と言わせない。

八月一日（月）　セミの抜け殻

なぜか小さい頃からセミの抜け殻が好きだった。

私は小学一年生の九月までは福岡県南部のとある小さな町に住んでいた。

その頃は、その田舎町を流れる小さな流れで、バシャバシャ音を立てながらザリガニを捕ったりして遊ぶのが好きだった。春には舞い散る桜の花びらを一枚一枚、糸をつけた針で刺しては集めて、首飾りを作っていたことも記憶している。

その頃なのだろうか、私がセミの抜け殻と出合ったのは……。いつの頃からなのか分からないが、あの飴色をした、吹けば飛ぶほど軽いセミの抜け殻にどういうわけだか、私は魅せられてしまったのだ。

山口県東部、広島県との県境の小さな村の小学校に転校してきても、それは続いていた。

夕方、いくつものセミの抜け殻を大事そうに両掌で包むように家まで持って帰ると、必ず、母親が、「こげんかもんば、どうすっと？」「……」

「ゴミになるばっかりたい。はよ、捨ててこんかい！」「……」

頑固だった私は無言の抵抗をしていた。

今、そんな小言を言っていた母の亡くなった時の歳を超えて生きている私は、母には申し訳ないが今でもセミの抜け殻が好きだ。目にしたり、手のひらに載せたりすると、もう何とも言えない満足感に浸ってしまう。

飴色の光沢を見せる胴体が背中から割れて、幼虫がセミとなってこの世界に飛び立っていったのだ。残された抜け殻には、その飛び立っていったセミの目も、短く伸びた触覚も、六本の足の関節も、その足に生えている産毛のような毛も、きちんと残されている。

そして、セミの命を包み込んでいた抜け殻は、けれどもいかにも薄く、軽い！

どうしてこんな精巧なものがこの世界にあるのか。しかもそれはもはや用済みの抜け殻……。幼虫だったセミが地球上に羽ばたき出る直前まで、そこで一生懸命に耐えて生きた証。

毎年繰り返されるこの壮絶な自然の営み。

自然は何とていねいに時間を刻むのだろう！

もう訪れることはないかもしれないと思っていた福岡県の小さな田舎町を、先日思い切って夫婦で訪れてきた。住んでいた頃に体験した、怖い思い出の地元の夏祭り「大人形《おおにんぎょ》さん」を体験するために。

その時、両親の墓に参った帰りに、寺の境内で見つけたセミの抜け殻一つ。私は大事に手のひらに捕り、潰さぬように家まで持ち帰ってきた。帰る道々、妻が呆れていたのは言うまでもない。

今、私の手元には、その時持ち帰った抜け殻と、先週、利用者からもらった、さつき園の裏の土手の近くで見つけたという抜け殻、二つがある。

八月一二日（金）　被害者名の非公表を巡って

これまでその施設の中でどんな人たちが生活しているのかについてなど一顧だにすることのなかった人たちが、このたびの神奈川県での障害者殺傷事件で被害に遭われた障害者の方々のマスコミ報道における実名非公表に疑問を投げかけている。

この実名非公表に関しては、神奈川県警が事件が起きた七月二六日、犠牲者一九人の遺族全員に集まってもらった際に確認したところ、犠牲者氏名の公表については遺族全員が拒否した、という新聞報道もある。

また、これに対して、実名報道をするかどうかは警察ではなくメディアが責任を持って判断することで、警察による恣意的な情報選別は危険だとする意見も新聞報道されている。

そういった議論も大事かもしれない。

しかし、これほどの事件が起こらなければ、障害者と呼ばれていた人たちの人となりや日々の生活振りや、置かれていた環境などへの関心などまったく持たなかったくせに、被害者名の非公表は障害者の人としての尊厳を損なうものだとか、人権の侵害だなどと、声高で、しかもしたり顔でよくも言い募れたものだ、と思う。

命の重さについて考えよう……。

かけがえのない存在だ……。

人間の尊厳に対する理解が不足している……。

日頃、障害者の存在や、その生活振りやその人生について考えることもしなかったくせに、何をもっともらしく言うか。自分たちの価値観で障害者を断じていることへの反省もないまま、社会的な無理解や偏見、差別を押しつけていることへの反省もないまま、被害者名の非公表を巡ってあれこれ議論がなされている。

その中で家族の思いが揺れていることを知っているのだろうか。家族は、自分たち家族に障害者と呼ばれる者がいることで、本人はもとより自分たち家族が社会の差別や偏見に晒されてきたという思いを強く持っている。だから、社会とは一線を画して生きてきたのだ。それを今になって命の重さについて考えよう……。かけがえのない存在だ……。人間の尊厳に対する理解が不足している……とは……。あまりにも勝手が良すぎはしないか。

障害者福祉の原点は障害者と呼ばれている本人に寄り添うこと。そしてその家族の思いに寄り添うことだ。

だから、私は家族の思いよりも本人の意思を尊重することが大事だ、と割り切ることはできない。被害者名の非公表を巡って家族の思いが揺れている。家族はいったい、どこまで、そしていつまで、社会との対峙を余儀なくされていくのだろうか……。

九月一〇日（土） 落語「笠碁《かさご》」の枕

所用で札幌に出かけてきました。

乗った飛行機の機内オーディオ番組の中に落語がありました。私は落語が好きですので、久し振りに聞いてみたくなり、備えつけのヘッドホンで、九月の演目になっていた「笠碁」を聞きました。出演は関西のベテラン落語家の〝桂ざこば〟です。

私は、その「笠碁」の前振り、枕としてざこばが用意した話にいたく関心を寄せました。

以下、ざこばと孫の碁打ちの場面です。

場面一　手を抜くことと本気を出すこと
お祖父さん（ざこば）が孫（男の子で小学三年生だったか？）と碁を打ちます。
孫「じいちゃん、手ー抜いてや」
お祖父さん「ええで」
しばらくして、
孫「じいちゃん、本気出して」
お祖父さん「そうか。ほな本気出すで」
しばらくして、
孫「じいちゃん、手ー抜いてや」
お祖父さん「そうか。ほな手ー抜くで」
こんな会話をしながらの二人の碁が進みます。
で、お祖父さんであるざこばはこう語るのです。
『本気出して勝ってしもうて、孫が碁をやる気をなくしてしもうたら困るさかい』（こんな内容を関西弁で）

場面二　孫から教えてもらうこと
孫「じいちゃん」

お祖父さん「何や？」
孫「そんなんして、打つ前から碁石をつかんでカチカチ音を立てたらあかんのんで」
お祖父さん「そんなこと誰が言いよったんや？」
孫「碁の先生が教えてくれた。碁石は打つ場所を決め手から手に取りなさいって」
お祖父さん「そうか。じいちゃん、そんなこと知らなんだ。誰も教えてくれんかったなー」

場面三　プロに勝つ話

お祖父さんは何かの加減で碁をやめてしまった孫を、久し振りに碁会所に誘って行きます。着くとすぐに、孫は孫で自分で相手を探して碁を打ち始めます。
ややあっての二人の会話。
お祖父さん「何番打った？」
孫「四回やった」
お祖父さん「どうじゃった？」
孫「二勝二敗や」
お祖父さん「おー、そうか。誰に勝ったんや？」
孫「あの女の子と、あの男の子に負けた。あの女の子、強いねんでー」
お祖父さん「そうか。で、誰に勝ったんや？」

孫「プロ二人に勝った！」

お祖父さん（心の中で呟く）「そりゃ、負けてくれたんやで」

私は、窮屈な飛行機の座席に座ってざこばの落語を聞きながら、何度も小さく笑っていました。

どうですか、みなさん。

みなさんが落語が好きかどうかではありません。

お祖父さんは孫を見守っています。孫はお祖父さん相手に一生懸命に、一心に碁を打ちます。「手を抜いて」とか「本気出して」とか言いながら、孫はお祖父さんが自分をちゃんと見ていてくれることを肌で感じています。そして、お祖父さんがわざと手を抜いて負けてくれたことも、ちゃんと分っているのです。

お祖父さんは孫から、碁を打つときのマナーについて指摘されます。それを素直に聞き入れるお祖父さん。お祖父さんと孫だから、素直に注意したり受け入れたりできるのかもしれませんが、そこには人と人の関係の在り方の大事なことが潜んでいるように思います。

ある日、お祖父さんは、いっとき碁をやめていた孫を誘って碁会所に行きます。

そこでも大人は、プロは、子どもの碁への興味や関心がこれからも続いてくれるようにと願って、ちゃんと負けてくれます。おそらく久し振りに碁を打ちに来た少年の表情や態度から、久し振りの感じを感じ取ったのです。

障害者、ことに知的障害者の場合も、生きることへの意欲、そして生きていくことの楽しさや辛さ、そして厳しさを、自分に直に相対して感じさせてくれる人や示してくれる人、そしてそんな時間に出合うことが、どんなにか大事だと思います。社会の差別や偏見や同情に晒されることなく、そうした人や時間にたくさん巡りあって欲しい。そんな社会を作りたい。

今、私たちは障害者福祉を、そして障害者支援を紙の上でしかしていません。曰く○○計画、曰く△△計画……。

障害者の人生は紙に上にあるのではありません。障害者の人生も私たちの人生も、今生きるこの社会の中にあるのです。

本題の落語「笠碁」も面白い話ですので、みなさんもどうぞ、あのしゃがれ声の桂ざこばの「笠碁」をお聞きください。

九月二一日（水）　本気の教育が大事

さつき園は通所の事業所です。利用者は毎朝、さつき園の送迎便で通所してきます。園に着くと、必ず園長室に顔を出してくれる人が一〇数人ほどいます。そこで私は彼ら一人ひとりと朝のあいさつや会話をします。私はそれが楽しい。

しかし、今、彼らの置かれている社会環境や生活環境は、私たちの目に見えないところでは想像以上に厳しいものと思われます。

相模原市での入所者殺傷事件は制度の問題ではなく、教育の問題です。加害者の青年が育つとき、家庭は、学校は、そして社会は何を彼に教えたのか。何を彼に考えさせ、実感させたのか。他人からの受け売りの思想を、しかもそれが手前勝手な解釈の知識かもしれないという自覚もなく安易に教え込んで、子どもたちが自分で体験し、自分で考え、自分で感じることが何より大事だという価値観を教えてこなかったのではないでしょうか。

障害者福祉を真に充実させ、向上させるには教育が何より大事と思います。人が生まれてから大人になるまでの間、他者から受ける教育、例えば家庭教育、学校教育、社会教育。そうした時々に、私たちは命の価値は同じだということを彼らに本気で教え、本気で体験させ、本気で実感させたいと思います。

一〇月四日（火）　たいやきのえ

先日、一〇月一日の土曜日、第二六回さつき園ふれあい祭りを無事開催、終了することができました。一週間以上も前から、当日の天候が雨降りではないかとみんなで心配をしていました。

案の定、前日までずっと変わらず「一〇月一日の天気は雨・曇り」の予報。なので、利用者、保護者、職員で協力し合いながら、雨対応の会場設営をして準備万端、当日を迎えました。

ところが、当日は明け方までは雨が降っていたような気配でしたが、天気は曇り。雨は降っていません。それが何と、お昼前には日も差してきたのです。そして、祭りが終わり、お越しいただいたみなさんがお帰りになったあと、あらかたの片づけも終わった頃には、東の空に大きな虹もかかりました。

その園祭りの準備に忙しかったある日。

職員がにこにこしながら園長室にやって来ます。

「園長、これ見てください！」

「うっ⁉」

さつき園でも園祭りの際は、毎回、来場者用に当日受付で配るチラシを作ります。会場の平面図や一日の予定などを載せたそのチラシには、これも毎回さつき園利用者の絵を載せています。絵を描きたい利用者を募って、その絵をカット絵として載せて、祭り気分を盛り上げるようにチラシを賑やかにするのです。

その絵を描くのを職員が利用者に募った先週のことです。
○○さんにも書いてもらおうと思って、職員が○○さんに声をかけます。
「○○さん、鯛焼きの絵を描いてくれんかね」

職員は模擬店で売る鯛焼きの絵を描いてくれるようにお願いします。

ところが、その時コピー用紙を受け取った○○さんがおもむろに描いた（？）鯛焼きの絵が何とも良かった。

職員がにこにこしながら私に見せに来る気持ちがよーく分かります。

コピー用紙に描いた○○さんの鯛焼きの絵……。

何と、職員が見せたA4のコピー用紙には、丸みを帯びた少し大きめの伸びやかな平仮名で「たいやきのえ」と書かれていたのです。

「鯛焼きの絵を描いて」と言われて、〝たいやきのえ〟と書いた○○さん。言うことなしです。私は思わず、「いいねえー」と言いながら、職員と一緒ににこにこしてしまいました。

その○○さん。

園祭りが終わって、利用者、保護者、ボランティア、職員で後片づけをしていたときのことです。私は、来場者にご覧いただくようにと廊下の壁に貼っていた作業やレクリエーションの時の利用者の様子を写した、たくさんのA4大の写真を片づけていました。

見ると、一枚の写真を指差して、○○さんが何か言っています。隣にいたお母さんの「ダメよ、ダメダメ」という声が聞こえてきました。言葉でうまく説明できない○○さん。どうやら自分が写っている写真が欲しい、ということのようです。

一旦あきらめかけた○○さんに、

「いいですよ。持って帰っていいですよ」と私。破れないように壁からていねいに剥がして、〇〇さんに渡しました。

「ありがとう！」

恥ずかしそうに、小さくお礼を言う〇〇さん。写真をうれしそうに大事そうに手にして、お母さんと帰っていきました。

〇〇さんの思わぬ一面に触れた今年の『さつき園ふれあい祭り』でした。今年も園祭りをしてよかった！

利用者のみなさん、保護者のみなさん、ボランティアの方々、そして職員諸君。お世話になりました。ありがとうございました。

一〇月二四日（月） 障害者と虐待 そして社会

先日、障害者虐待防止・権利擁護について学ぶある研修会に参加しました。施設職員による利用者（障害者）虐待を防止する取り組みの啓発、推進のために開催された研修会です。

その研修会の資料に気になる文章がいくつかありました。その中の一つをご紹介します。

そこには障害者虐待の起こる背景の一つについて、次のように書かれています。

「障害者は、家庭、施設、職場等の生活空間において、密室の環境下にあり、従属的な人間関係に置かれている」

また、目に触れる表現は様々に異なりますが、次にご紹介する文章に代表されるような内容について、私の中に素朴な疑問があります。

以下は、今年の七月二六日、神奈川県相模原市の障害者支援施設での入所者殺傷事件に対して、全国手をつなぐ育成会連合会会長名で出された緊急声明文（平成二八年七月二六日付）の中の最終段落の文章です。

「また、国民の皆様には、今回の事件を機に、障害のある人一人ひとりの命の重さに思いを馳せてほしいのです。そして、障害の有る無しで特別視されることなく、お互いに人格と個性を尊重しながら共生する社会づくりに向けて共に歩んでいただきますよう心よりお願い申し上げます」

これまでも、これら二つの文章に書かれているような内容を目にした時、いつも私が疑問に思っていたことは、例えば、障害者はその生活空間において、何故「従属的な人間関係に置かれている」のかということを、また国民から、何故「障害の有る無しで特別視される」のかということを、どうして問わないのか、という疑問です。

そこを問わずに、「従属的な人間関係に置かれている」とか、「障害の有る無しで特別視される」などと現状についての見解を述べても、虚しいばかりではないでしょうか。

言葉を換えて言えば、何故、私たちの社会には、障害に対する、あるいは障害者に対するそうした無理解や差別や偏見が根強くあるのか、を問うことなく、いくら障害者虐待防止を啓発、推進しても根本的な問題は解決できないと思えます。

そこを問わずに、現状を語り、障害者虐待を防止するための方法や環境整備について、具体策を提示し、強調し、関係者にその取り組みをいかに繰り返し促しても、それは目に見える虐待についてだけの対処療法にしか過ぎないのではないでしょうか。どんなに施設での虐待の芽を摘むことが大事だからといって対処しても、私たちの社会に潜在化する障害者虐待の根源を問わねば、いくらでも社会から支援現場に虐待の芽は供給されてくるのです。

施設での虐待をそれがまだ芽の段階で摘み取ることは大事です。しかし、社会に根強く潜在化していて虐待の芽となる、障害に対する、あるいは障害者に対する社会の無理解や差別や偏見をなくすことは、より根源的な課題です。

それは、私たちこそが当事者として、己の身に引き寄せて障害を、あるいは障害者をどう認識するかという、〈類〉と〈個〉に関わる私たちにとっての命題です。

では、どうすれば私たちが今、生きて、生活しているこの社会から、障害に対する、あるいは障害者に対する無理解や差別や偏見をなくすことができるのでしょうか。

障害者と虐待。そして社会。障害者福祉はただ単に、障害者福祉に携わる者だけに課せられた命題ではありません。人は、自分の人生のどこかで、障害があろうがなかろうが私たちの命の価値は同じだ、ということをその身をもって体験し、感じなければならないと思います。

一月六日（金）　私たちの事実と利用者の真実

あけましておめでとうございます

といっても、早や正月も六日。ご多分に漏れず、すでにさつき園もすっかり仕事モードに入っています。

私のこの年末年始は、自宅のテレビで各方面での帰省ラッシュのニュースなどを見聞きしたり、正月恒例の駅伝などを、そのコースとなっている沿道の風景や遠景とともに楽しんだりなどしての、まったくの寝正月でした。

そんなぜいたくとも思われる時間を過ごす折々に思ったことです。

例えば、利用者の〇〇さんが私とおしゃべりする時の言葉遣いや表情、おしゃべりの内容は、私にとっては事実です。しかし、〇〇さんが私以外の人たち（職員や他の利用者、あるいは親、兄弟姉妹など）と話す時に、同じような言葉遣いや表情や話題になるかといえば、そうはならないでしょう。それは私以外のその人にとっての事実ではあるけれど、私の事実ではありません。

私が利用者支援で大事にしていることは、利用者についての私の事実や職員の事実、あるいは親の事実など、できるだけたくさんの事実を共有することです。それは利用者に関するお互いの事実をどれだけ多く共有することができるかが、支援の質を左右する一つと思うからです。

とはいっても、私たちがどんなに多くの事実を集めても、そしてそれらをしっかり共有することができたとしても、私たちが○○さんの真実に届くことはできません。

しかし、そうした人間存在の不可避な関係性を私たちが自覚し、畏れ、謙虚に控え、○○さんや他の利用者の真実に迫ろう、真実に触れようとする努力を日々怠らないことが、障害者支援現場において、利用者と私たちのお互いの信頼感を育み、気持ちを通わせることの契機となるものと思います。

本年もどうぞよろしくお願いいたします。

一月一六日（月）　日々繰り返すあいさつの中で

朝。

さつき園の利用者の中には、まるで自分にノルマを課しているかのように、毎朝、必ず園長室に顔を出して同じ言い回しであいさつをし、同じような話題を話していく人が一〇人ほどいます。しかも、園長室にやって来るその順番も毎朝同じようです。

「おはようございます。よろしくお願いします」「園長さん、おはよう」「園長おはよう。寒いねー」……。

それに応えて、私。

「おはよう。今日も頑張ってなー」「おはよう。風邪引いてないかいのー」「荷物をロッカーに置いてきんさい」……。

お昼。昼食の時間です。

正午を過ぎると、七、八人の利用者が「園長さん、お昼ですよ」とか「園長、お昼です」とか、「園長さん、お昼食べようや」など必ず声をかけてくれながら、園長室前の廊下を通って食堂へ向かいます。私もそれぞれの声かけに「おー、ありがとう」とか、「もうちょっと仕事してから行くけぇー」などと応えます。

終礼。

作業が終わって利用者がそれぞれに帰宅の準備を始める頃。この時も何人かの利用者が園長室にあいさつにやってきます。「終わったよー」とか「園長、終礼よ」とか、作業を終えた満足気な、笑みを浮かべた表情を見せてくれながら。

皆さんにも私と一緒に一日さつき園にいてもらうとよくお分かりになると思いますが、園長室の一日は、日々、こうした利用者とのあいさつの繰り返しの連続です。もちろんあいさつ以外にも、利用者はうれしかったことや悩みごと、家の様子など、いろいろな話をします。中には、園長と園長室で話をすることで上手に作業をさぼる利用者もいます。園長は知らぬ間にさぼりに利用されているのです。

「こりゃ。今は作業時間じゃないかね。ここで何しよるんかいの。はよー、作業に戻りんさい」

憎めません。

こうした日々繰り返す、あいさつや会話の中で、私たちは利用者との信頼関係を育むのです。毎日の習慣化しているあいさつや何気ない会話の中で、その日の利用者の微妙な心身の状態の変化を感じ取りながら、支援に努力します。

殊更の支援計画も大事ですが、日々繰り返す利用者とのあいさつや他愛もない会話や習慣化していると思える行動にもっと注意を払い、それらを大事にしたいものです。それが生活支援というものだと思います。

『毎日、同じことの繰り返しじゃないか』と言って、飽いてるようでは障害者支援はできません。

一月三〇日（月）　節分の豆まき　鬼は園長じゃ

先週の土曜日（一月二八日）のことです。余暇活動担当職員が園長室に顔を出します。

「園長、今日は忙しいですか？」

「まあ、忙しいっちゃあ忙しいが。どうした？」

「午後に、豆まきをするんですが、園長、鬼をやってもらえませんか？」

「鬼？　あー、そういえば今日は豆まきじゃったのー。鬼かー。むー、うん分かった。じゃー、その時になったら知らせてくれよ」

さつき園は月に一～二回、土曜通所日を設けています。

その日は土曜通所日でした。来週はもう節分なので、余暇活動として利用者みんなで鬼のお面を作って、そのあと豆まきをしようという計画でした。鬼は、例年、赤と青の二匹の鬼が登場します。二匹とも男性職員が扮していますが、今年は一人の男性職員の都合が悪く、私が青鬼のようです。

ところが、簡単に「あー、ええよ。時間があればやるよ」と請け負ったのはよかったのですが、青鬼の着ぐるみを着て、鬼のお面をつけてみてびっくりです。二つの目の穴が小さくて、お面から見える視界の狭いこと。しかも両目の穴の間隔が少し狭くて、物を両目で見ることが難しいのです。

出番を待っている間に、鬼が室内履きを履いていてはおかしいだろうと思い、脱いだのですが、まあー廊下の冷たいこと。私は足踏みしながら、余暇活動の会場になっている作業室の手前で赤鬼の職員と二人で豆まきの時間が来るのを待っていました。何とも情けない青鬼です。

すると、どうしたことか廊下に出てきた○○さん。鬼を見つけて、こちらに近づいて来ます。

「誰？　ねぇー、誰かね？」とお面に顔を近づけながら聞いてきます。

返事をどうしようかと思いましたが、小さい声で、

「園長じゃ」と応えました。すると、○○さん、

「うひゃー！　園長さんかー」と、大きな声。

「おい、声が大きいよ。みんなに聞こえるじゃないか」と、私。

ややあって、ドアが開きます。一斉に歓声が上がります。

だけどこちらは視界が狭すぎて、早くもドアまでの距離や方向がうまく測れません。入り口近くでモタモタしていると、豆に見立てた硬球ぐらいの大きさに丸めた新聞紙が容赦なく、あちらこちらからいくつも飛んできます。利用者はわー、わー、きゃーきゃーと盛り上がっているようです。

何とか鬼らしく強そうに荒々しく歩こうとしても、怖くてどうしてもすり足になってしまいます。鬼の必需品の金棒に見立てた棒状の綿入れは持っていますが、やみくもに振り回して当たり所が悪くてもいけないので、ただちょこちょこと前に突き出すだけです。

しばらくすると、何人かの利用者の顔が見えてきます。小さな穴から見ていますので、顔しか分かりません。慎重に金棒をその利用者の顔の前辺りに突き出します。すると、一斉にいろんな方向から、新聞紙の豆が飛んできます。中には、鬼の背中に豆を強引にねじ込んでくる利用者もいます。

「わあー、やめてくれー」自分がどの辺にいるのかもよく分からないし、利用者がどう散らばっているのかも分からないのです。そんなところに、いきなり背中に豆をねじ込まれたりして、もうたいへんです。

そんな中、新聞紙の豆を掴んだ□□さんがいつもにも増して真剣な表情で、豆を鬼にぶつける機会をうかがっているのが見えました。日頃見せない□□さんの表情です。あとで聞いたら、赤鬼の職員も□□さんの真剣な顔つきには驚きました、と言っていました。

大興奮の豆まきは、みんなで記念写真を撮って終わりです。その時、お面を取ったら、そこに園長の顔があったのを見て、びっくりした表情を見せる利用者もいました。

古くから伝わる日本の季節の伝統行事の一つです。さつき園でもいつまでも続けていきたいものです。

あとで気がついたことですが、利用者はみんな鬼に豆をぶつけるのに必死だったようで、誰も「鬼は外、福は内」とは言わなかったのです。それは、「鬼は園長じゃ」と分かって、ここぞとばかりに日頃の恨みを晴らそうとしたからでしょうか⁉

二月一七日（金）　気になる大事なこと

ずいぶんご無沙汰をしてしまいました。

皆様、お元気でお過ごしでしょうか。まだまだ寒い日がありますが、どうぞお体お大事にお過ごしください。

気になることがありました。

先日、ある人が障害者の人権について、また障害者福祉、障害者虐待防止について、あれこれ話をしている中で、パニックを起こす障害者の話題になった時のことです。

その時のその人の発言―。

「……。そしたらそこでパニックを起こす奴がいたんですよ。こいつはね……」

「……!?」

もうびっくりです。

その人はその話題に至るまでに、障害者権利条約と障害者虐待法との関係について語り、障害者虐待防止について語り、人権擁護について熱心に話していたのです。ところがその発言の後も、その言い方に何の注釈も加えず、別の言い方に言い直しもせずに、何のこだわりもためらいもなくそのまま話を続けていきました。

驚きました。びっくりしました。無意識の発言？　まさか意識的な発言？　そんなことはないでしょうが……。

障害者の人権について、そして障害者虐待防止について、その人は高い見識を示していたのに、それは形だけのことだったのでしょうか。言葉だけのことだったのでしょうか。私は、一気に重い鉛を飲み込んだ気分になっていきました。

言葉や行動、行為で自己表出する私たち。意識してする自己表出もあれば、無意識にされる自己表出もあります。それは水面下の思いが図らずも出た、ということなのでしょうか。ご本人がどこまでそのことに気がついているかどうかは分かりませんでした。

私たちは日頃の支援現場で、頻繁に、利用者への声かけ、言葉かけと言っていますが、どんな言葉を、どんな言い方で利用者に話しかけるかにまで、しっかり意識を働かせていなければなりません。

無意識の発言や行動、行為の中に、本音が、本心が、本来の思いが現れます。

そこには「つい言っちゃった」では済まされない、基本的な、根本的な障害者理解に関する問題があると思います。私も心せねばなりません。

「……。そしたらそこでパニックを起こす奴がいたんですよ。こいつはね……」

もう、二度と聞きたくない発言です。

二月二七日（月）　知的好奇心

一〇日ほど前の土曜日。ある文化講演会に出席してきました。

テーマは、「江戸の暮らしと橋の文化」でした。

私はその講演会のテーマにもある関心を持ってはいたのですが、それよりなにより講演者にかなりの関心があったので、その人の講演を聞きに行ってみたいと思ったのです。

が、それはともかく、その講演は、のっけから、いきなり近松門左衛門の人形浄瑠璃『心中天網島《しんじゅうてんあみじま》』が映画化された話から始まりました。

一九六九年五月に映画化されたその映画の監督は篠田正浩。主演は中村吉右衛門と岩下志麻。監督の篠田と作家の富岡多恵子、そして作曲家の武満徹の三人が脚本を書いた、とか。

しかし、テーマの「江戸の暮らしと橋の文化」の「橋」という言葉に誘われて、のんき気に出席していた私は、「江戸の橋の話だから、地方の橋は出てこないかもなー。錦帯橋はどうかなあー。橋の形が変わっているから案外出てくるかもなー」などと、勝手に思いを巡らせていました。

ところが、次の瞬間、もうびっくりです。いきなりその映画の冒頭のシーンがスクリーンに映し出され、何とそこに錦帯橋が映っていたのです。そして、カメラはゆっくり錦帯橋を見せてから、その画面は橋の下の橋脚のそばに、それぞれにむしろをかけて並べて置かれた男女二つの水死体を映し出します。このシーンだけでも、白黒の映像には十分迫力があります。

篠田正浩監督の『心中天網島』には、何と錦帯橋が使われていたのです。岩国に住む者として、そのことを知らずにいたことを恥ずかしく思いました。

そして私は、その時、とうに忘れていた知的好奇心をそそられたのです。

日々、仕事で、貧弱ながらも体力と知力と精神力を使ってはいますが、それは大半は惰性、習慣、以下同文といった一夜漬けの、やっつけ仕事をしている、と言えなくもありません。しかし、この文化講演会での刺激は強烈でした。一夜漬けのやっつけ仕事しかしておらぬ身を振り返り、大いに反省しました。

わずかな時間でしたが、映画化された近松門左衛門の人形浄瑠璃『心中天網島』の画面を見せられて、少なからず知的好奇心を揺さぶられた思いがしたのです。

知的好奇心を忘れずに、いつまでも「知」を吸収していこうと、改めて思い直しました。娯楽や慰安のための「知」ではなく、純粋に「知」を求めていこうと思いました。歴史から学び、文化から学び、人間から学び、時間から学び、空間から学ぶ……。無意識のうちに、忙しいことを言い訳にして、「知」に向かわない自分自身を赦していたのかもしれません。

錆びついてしまっている知的好奇心にもう一度磨きをかけねばなりません。

その手始めとして、何とかして、監督篠田正浩が映画化した、近松門左衛門の人形浄瑠璃『心中天網島』の全編を見たいものです。

三月一二日（日）　東日本大震災から六年

三月一一日（土）。朝七時のＮＨＫ総合テレビのニュース映像。

「なんであの日だけあんな大きな波が来たんだろう……」

朝日に輝く穏やかな海を見つめながら高齢の女性が語っていた。

「東日本大震災から六年が経った」

「私には何もできなかった」

「津波は引き波が怖いことも知った」と。

原発の崩壊が事態をさらに悪化させ、人たちの人生を予期せぬ方向へと引きずり込んでいる。

ラジオが言う。

「六年という歳月は、小学一年生は中学生に、小学六年生は高校を卒業し、四三歳は四九歳に、七〇歳は七六歳になる年月なんです……」と。
連続すると思っていた自分の時間。連続していると思っている自分の時間。
分断された自分の時間。分断されてしまったままの自分の時間。
忘れてはいけない？
風化させてはいけない？
語り継がなくてはいけない？
忘れてしまいたい人もいるだろう。
風化させてしまいたい人もいるだろう。
語りたくない人もいるだろう。
簡単に同意を促すな。
簡単に人の心に踏み込むな。

大震災から一年が経って迎えたある中学校の卒業式で、

「しかし自然の猛威の前には人間の力はあまりにも無力で
私たちから大切なものを容赦なく奪っていきました
天が与えた試練と言うにはむご過ぎるものでした

辛くて悔しくてたまりませんでした
しかし苦境にあっても天を恨まず
運命に耐え助け合っていくことが
これからの私たちの使命です……」

と、卒業生の答辞でこう決意を述べた少年。
元気でいるだろうか。

平成二一九年度

四月四日（火）　衛生検査

新年度を迎えました。

ところが、明日は利用者が楽しみにしている園の花見の予定だというのに、園のそばを流れる屋代川の土手の桜は、今年はまだチラホラと数えるほどしか咲いていません。花見に行く柳井市方面の桜の咲き具合はどうでしょうか。

さて、年度が替わって、昨日は新年度最初で四月最初の通所日でしたので、利用者朝礼をしました。

さつき園では毎月その月の最初の通所日に利用者朝礼をしています。

午前一〇時過ぎに、利用者の朝の迎えに行っていた送迎便が五方面から園に戻って来ます。利用者はマイクロバスなどから降りて来ると、靴を履き替えて、更衣室のロッカーに荷物を収めます。そして、昨日は全員、作業室に集まりました。そこで担当する職員別に一列に並んで、園長も職員も参加しての利用者朝礼をします。

その週の当番の利用者の号令で「おはようございます！」と、みんなであいさつを交わして、当番の利用者がその月の目標を読み上げます。今月、四月の目標は『みんなとなかよくしよう』です。

四月の行事のことや、特に注意することなどについての私の話が一通り終わると、衛生検査です。それぞれ担当の職員が担当する利用者の列に入って行って、ハンカチ、ティッシュ、爪、入浴、洗顔、歯みがき、朝食、服装などついて、利用者一人ひとりに聞きながら確認し、記録していきます。

昨日のその時のことでした―。

私からの話が終わって、衛生検査になりました。担当職員が利用者に「ハンカチは持ってますか？」「ティッシュはありますか？」「顔は洗いましたか？」……など、順番に聞いていきます。私は、今日の利用者の返事はどんなだろうか、とその様子を見やりながら聞き耳を立てていました。

すると思わぬ質問が職員の口から飛び出したのです。私は、思わず「えっ⁉」っと小さく驚いていました。

「入れ歯、洗うた？」

職員はいきなり、○○さんにそう聞いたのです。

そう聞かれて、○○さん、驚くこともなく、いやな顔をすることもなく、真顔で、「はい」と答えています。

私は、もちろんさつき園の利用者の高齢化については承知していましたし、入れ歯の利用者が数人いることも知っていました。しかし、衛生検査で、「入れ歯、洗うた？」と職員が○○さんに聞くのを目の当たりにして、図らずも利用者も年取ったんだなーと、しみじみ彼らの高齢化を思い知らされたのです。

昭和六二年四月開設のさつき園は、この四月で開設丸三〇年を迎えています。

健康に注意して、この一年、またみんなで頑張るぞ‼と、私は人知れず気合を入れ直しておりました。

五月八日（月）　熊本城よ、復興せよ

恐らくこれまでに一二回ほどは訪れている熊本。

そのたびに見上げてきた熊本城は、昨年四月、自然に翻弄されて今もなお、至る箇所箇所でその屋根瓦が、柱が、塀が、そしてあの大きな石垣が崩れ落ちたままです。

崩れて初めて分かった石垣の武者返しの真実。その代償は、しかし、あまりにも甚大です。

益城《ましき》町では道路が至る所で波打っていました。一階が潰れ、屋根が二階ごと覆いかぶさってしまった家々。土色を晒して、あちらこちらに点在する更地。遠くに近くに見え隠れする青いビニールシートは家々の屋根に張りついた青空のようです。ここにみんなで避難したという総合体育館は、今は、大きなコンクリートの

塊でしかありません。

　復興城主を募る熊本城。

「熊本城は私たちのシンボルです」の言葉通り、傷つき、壊れたシンボルは、それでもシンボルなのです。よく晴れた青空をバックに、いくつもの赤茶色の太い鉄骨で支えられながらも、熊本城はおよそ四百年の歴史を胸に秘めて、そびえています。

　しかし何と言おうと、地震前のあの時間とあの空間にはもう決して戻れないのです。

　その出自の初めから自然に生かされている私たちは、過去はあきらめても、しかし未来をあきらめるわけにはいかないのです。

　だから、だから、熊本城よ、復興せよ。

　熊本から、私の生まれた土地（隣の県ではあるけれども）まではJRの各駅停車でおよそ一時間。そこで生まれ、その後、今日まであちらこちらを漂って生きてきて、今、故郷と呼べるところを持たない私が、訪れるたびに懐かしく聞く熊本弁。

　熊本に行って来ました。

五月一七日（水）　漂う親子

　子どもの障害に戸惑いを感じていても、その子の親として、一人前の親として向き合わざるを得ない親。

一方、無意識のうちに、その戸惑う親に馴染んでしまって、耐性と柔軟性を獲得し損なっていく子どもたち。彼らにとって生きるとは、おそらく親に依存することだ。彼らにあるのは、親に向かって己の我を通すことだけだ。だから、親に息継ぐ暇も与えずに、未経験の嵐は絶え間なく吹き荒れる。子どもの障害が重かろうが、あるいは軽かろうが、本人だけでなく親子ともどもにとって、生きる苛立ちとなっている社会。その価値観。

しかし、親こそが社会の価値観から脱して子の障害を無にすれば、子の瞳は、子の命は輝くと思う。親が子の障害にどこまでも拘泥すれば、親子はいつまでもこの社会に漂うだけだ。漂う親子は、しかし今を生きることで精一杯だから、自分たちが漂っていることに気がつかない。

子の障害を無にするとは、親自身が社会の価値観から脱して、社会の偏見から己を解放することだ。しかし、どうしたら社会にはびこる偏見や根強い価値観から己を解放することができるだろうか。

手のひらの中のサイコロ二つ。丁と出るか、半と出るか。たまには、思い切って振ってみるのもいいと思うのだが……。

六月五日（月）　一枚の写真　その迫力

新聞のスポーツ面に出ていた写真を一枚切り抜きました。

白黒写真のそこに写る人の視線は鋭く、白球をしっかり捉えています。右手のラケットが今まさに、その白球を打ち抜こうとしている瞬間の写真です。顎を引いて、白球を捉えた上目遣いの表情に迷いはありません。左腕は体のバランスを保つために肘を曲げ、拳を握っています。

二つの瞳に見事にピントが合わされ、白黒の世界で、いっそう鋭く、その迫力は際立っています。上体をひねる瞬間に振り払われる前髪の乱れの鮮明さが、その人の身体と精神が作り出す一瞬のスピードの尋常ではない速さを想像させます。

その時、それらの迫力に圧倒される思いで写真を見ていた私は、被写体となっているその人が今や白球を打ち抜かんとする、その一瞬を捉えた写真の中に思わぬものを見つけました。

それは、その人のユニフォームの胸辺りに描かれていたある企業のロゴマークの下に、少し小さ目に

「WASURENAI　3・11」と描かれた白抜きの文字でした。

今まさに白球を打ち抜こうとするその人の表情と身体の構えから伝わる強い意志と、「WASURENAI　3・11」の文字。白球を見定めた鋭い視線と打ち抜こうとする明確な意志が交差する一瞬を捉えたその写真。写した人の撮影の技量に驚くばかりです。

「WASURENAI　3・11」の文字がはっきりと読み取れることが、なおさらにこの写真を迫力あるものにしています。写真には二つの意志が明確に示されています。「勝つ」という意志と、「忘れない」という意志。

新聞に載った一枚の写真ですが、久々に見た迫力のある写真です。

【その写真は、平野美宇（一七歳　卓球選手）のドイツのデュッセルドルフでの卓球世界選手権個人戦女子シングルス準決勝（六月三日）での対戦を写したもので、二〇一七年六月四日（日曜日）付の読売新聞スポーツ面に掲載されていました】

その写真の彼女は、普段はまだ幼さの残る仕草や受け答えをする彼女からは想像し難い、鋭い目をしています。人はたとえどんなに幼くても、その強い意志を貫こうとして身体と精神を交差させる瞬間には、それまで誰にも見せてこなかった鋭い目をするのだと思い知らされました。

皆さんにも是非ご覧いただきたいと思うばかりです。

七月一五日（土）「〇〇さん」「□□さん」と呼び合おう

きっと彼らは、自分が働く施設の利用者である障害者の名前を、「〇〇！」「おい、〇〇！」などと呼び捨てにしていたと思う。例え、表向きは「〇〇さん」と呼んでいたとしても、裏では「おい、〇〇！」と利用者の名字か名前を吐き捨てるように呼んでいたと思う。

彼らとは、一人は津久井やまゆり園での入所者殺傷事件の犯人。もう一人は、この一三日に利用者死亡事故が起きた埼玉県上尾市の障害者施設で働く彼らだ。

言葉遣いを軽く見てはいけない。思いは言葉に出る。そして態度に出る。

だから、言葉遣いを改めれば、態度が変わる。そして関係が変わる。

名前の呼び方はその最たるものだ。

利用者と職員、お互いに「○○さん」「□□さん」と呼び合おう。

神奈川県相模原市の津久井やまゆり園での障害者殺傷事件から一年が経とうとしている。

そんな時、「利用者虐待だ」と言いたくなるような事件が起きてしまった。埼玉県上尾市の障害者施設の朝の利用者送迎便の車内で、一九歳の男性利用者が熱中症で亡くなっていたのだ。何と、送迎便の園到着から発見まで約六時間半もの時間が経っていたという。送迎担当の運転手や添乗員は何をしていたのだ。どうして車から降りていないことに気がつかなかったのか。報道によると、昼食時に彼がいないことに気がついた職員もいたというのに、どうして他の職員とそのことを確認しなかったのか。何をやっているんだ！　おそらく施設内、職員間に職務のマンネリ化や上司や先輩職員へのあきらめがあるものと思う。そこでの職員間、利用者間、そして職員と利用者のお互いに対する言葉遣いはどうなのだろうか。気になる。

送迎便には運転者と添乗員が乗ることと定めてありますと言っていても、実行することがなければ形だけのことで、詐欺行為ではないか。報道によれば、その日は特別支援学校の生徒の受入れがあり、運転手一人だけで送迎を行ったという。

だから？　だから何だというのか。

私の怒りが収まらない。

七月一五日（土）『会員施設障害者虐待事件に係る検証活動等の報告書』発行

私がその代表を務めている協会組織（一般財団法人山口県知的障害者福祉協会）の会員事業所での利用者虐待がテレビ報道されて二年余りが経った。

このたび、私たちは二年かけて事件の検証結果を報告書として冊子にまとめることができた。自分たちの身内のことを自ら褒めるのはいかがなものかと思うが、事件報道後、組織内に立ち上げた人権・倫理委員会を中心にして事件の徹底検証に力を注いで来た我が組織は、よくやったと思う。

報道直後、組織内外からの委員による人権・倫理委員会を立ち上げ、およそ二ヵ月の準備ののち、当該事業所への立ち入り調査、当該法人の責任者を始めとした管理者、職員、利用者、保護者、当該行政関係者等への徹底した聞き取り調査。各種書類の閲覧、協会組織内の会員施設・事業所の全職員（約二、五〇〇名）への「不適切な支援に関する意識調査」の実施（回収数一、七〇一名回収率約六八・六％）、その結果分析。そして検証結果の分析、総合的考察、人権・倫理委員会委員の見解、障害者虐待防止への提案、事例紹介等々。

この『会員施設障害者虐待事件に係る検証活動等の報告書』が全国の障害者施設・事業所で障害者虐待防止・根絶に役立つことを何より期待している。

ここ一〇年に亘り、我が協会の支援スタッフ研究会を中心に、障害者の人権問題や成年後見制度、障害者虐待問題等に関して、真摯にまた熱意を持ってご指導いただいている〇〇弁護士のご尽力もあり、今後の早い時期に、私たちは山口県内の知的障害者に対する虐待を防止することを目的として、山口県弁護士会と連携・協力に関する協定を締結する予定である。〇〇弁護士への感謝の思いは言葉では言い尽くせない。

これからが大事だ。

私たちはこれからも社会に開かれた組織として、社会に問いかけながら、与えられた使命を全うしていきたいと思う。

七月二五日（火）　学校が夏休みになると、毎年必ず思い出す夏の思い出

七月に入ったなあ、と思っていたら、もう夏休みです。

朝の通勤時間帯には、大島商船高等専門学校（通称大島商船）の学生たちが夏期講習か補習か何かでしょうか、今日も朝から蒸し暑い中を元気に自転車を漕いで、大島大橋を潮風に吹かれて渡っていきます。

もちろん、さつき園のお隣の大島中学校も夏休みです。部活に励む中学生の声がかすかにさつき園に届きますが、暑い日差しの中では、少し寂しい感じがします。

夏休みになるといつも思い出す思い出。

高校一年の夏。友だちと二人で佐世保から熊本までのサイクリングを敢行したのです。二人とも、もちろん親には話していたのですが、両方の親とも、担任に知らせなければならないなんて、少しも思わなかったのでしょう。担任には何も言っていなかったのです。すると、夏休みが明けてから、双方の親が担任の先生から注意を受けたと言っていたように思います。のんきな時代でした。

今はもうありませんが、当時はチッキという荷物の輸送方法があって、自分の乗車した列車に、自分では持ち運ぶことのできない小荷物を載せて運ぶことができたのです。私たちはそれを利用して自転車を佐世保駅まで送り、佐世保駅から出発して長崎、諫早、雲仙、島原、熊本と自転車を漕いで走りました。

佐世保から長崎までの暑かったことと、その時に聞こえていたセミ（ニイニイゼミか？）の鳴き声が耳に残っています。その日は長崎の国民宿舎（ユースホステル？）に泊まりました。坂の町長崎。自転車を漕ぎまくって疲れた身には、小さな曲がりの多い坂道の連続は国民宿舎までを遠く感じさせ、恨めしかったです。宿泊者は大人たちばかりだったので、私たちはおとなしくしていました。

翌日は諫早、雲仙と走りましたが、島原半島の雲仙の山越え（峠越えか？）がきつかったのを今でも覚えています。

二日目のその日は熊本泊まりで、知り合いの人の家に泊めてもらう予定でした。ところが島原半島からフェリーで有明海を渡り、熊本県の三角《みすみ》という所に着く頃から雨が降り始め、そのため自転車を漕ぐのに思いのほか時間がかかり、すっかり到着が遅れてしまいました。着いたのは夜の八時頃だったかと記憶します。でも、予定を大幅に遅れて到着し、すっかりご迷惑をおかけしてしまっていたにもかかわらず、用意していただいていたたくさんの料理を目の前にして、お詫びするのもそこそこに、私たちはひたすら箸を動かしていました。

三日目も雨。でも雨でしたが、せっかくだから阿蘇山に行こう、ということになって、泊めていただいた方の案内でバスで阿蘇山に向かいました。が、二人とも疲れもあって、行きのバスの中では爆睡しておりました。

それからはもう自転車を漕いで走るような体力も気力もなく、自転車をチッキで送り返して、私たちは列車で和木村（現山口県和木町）まで帰って来たのです。ほんとは（？）別府までは自転車で行くつもりだったのですが……。

今ではとてもできないことです。大雑把な計画だったと思いますが、親も熊本の知り合いの方もよくもまあ承知してくれたものだと、今更ながら他人事のように感心するばかりです。事故なく済んだからよかったものの、一つ間違えば事件、事故に遭っていたかもしれません。

毎年学校が夏休みになると必ず思い出す夏の思い出です。

この夏は殊のほか蒸し暑い夏です。どうぞ皆様、ご自愛ください。

八月一三日（日）　突然の訃報

それはあまりに突然に、私のもとに届きました。

「園長、先ほど◯◯さんの妹さんから、◯◯さんが亡くなられたと電話がありました」

「えっ？　何？　亡くなった？　誰が？　◯◯さんがや！　えっー⁉」

その時、私は職員からのその知らせに、思わず声を荒げて聞き直していました。


「園長、お早うございます」

「おー、お早う」

「園長、今日も暑いねぇー」

「そうじゃのー、今日も暑うなるでー」

「あのね園長。明日ね、妹たちとお母ちゃんに会いに行って来るけー」

「そうか。お母さんは元気かいのー」

「うん、元気よー」

「返事は、『はい』じゃ」

「はい」

私は、こんな会話を毎朝のように◯◯さんと繰り返していました。

また、時には、

「○○さんは何ぼになったんかいのー」

「園長。女の人に齢を聞いちゃーいけんじゃー」

「おー、そうじゃったの」

「あのね、もうちょっとでわたしゃー七○歳ですよ。園長は？」

「わしかー。わしゃー、今、六六よ。ほうかぁ、あんたー、はーもうすぐ七○になるんか。はー、あんたーお婆さんじゃのー」

「わー、園長はまたそげなこと言うてから。何言いよるんかね。私がお婆さんなら、園長も、はーお爺さんじゃないかね」

「おー、そりゃそうじゃのー」

そんな冗談を言っては二人で大笑いをしていたのです。

お父さんを亡くし、お母さんが高齢者の施設に入所され、長く自宅で一人暮らしをしながらさつき園に通って来てくれていた○○さんでした。地域でのおつき合いも当たり前のようにして、皆さんとも仲良く暮らしていました。おしゃべり好きの○○さんはお節介過ぎるところがあって、さつき園では時に他の利用者とトラブルになることもありましたが……。

外の作業に出る時には、必ずと言っていいほど園長室に顔を出して、

「園長、□□に行ってきます」と告げて行き、作業が終わって園に戻って来たら「園長、ただ

いま」と報告しに来てくれていました。

亡くなる二日前までは元気にさつき園に通って来ていたのです。とてもじゃないが、その死が信じられません。あまりの突然の死に、一昨日のご葬儀に参列した利用者も職員も、気持ちの整理がつかない面持ちでした。

もう○○さんとあんな減らず口がたたけないのが、私は寂しい。

○○さん、ありがとう。

○○さん、さようなら。

八月二四日（木）　さつきえんたいひょう「お別れのことば」

八月一三日付のこの欄でご紹介した、八月一〇日に突然亡くなってしまったさつき園利用者の○○さんを悼んで、古くからの友だちだった利用者の□□さんがこんなお別れのことばを私宛てに寄せてくれました。原文のままご紹介します。

○○さん
いないくなたので
さみしくなりましたね

わたしにさいこのときは
手をにきてくれて
ありとうねえほとうにかなしいね
さようなら○○さんお母さん
さつきえんたいひょう

「わたしにさいこのときは手をにきてくれて」

これは今となっては、○○さんの最後の通所となった八月八日（火）の利用者終礼が終わって、「さよなら」する時のことです。利用者はお互い同士、あるいは職員と思い思いに握手したり、ハイタッチしたりして帰って行くのですが、□□さんに聞くとその時のことだということです。

「さようなら○○さんお母さん」

これは○○さんが亡くなった翌日、前々から具合の悪かった○○さんのお母さんも亡くなられてしまったことを悼んでの言葉です。お母さんも娘の○○さんの後を追うように亡くなられたと聞いて、私たちもびっくりしました。

「さつきえんたいひょう」

□□さんはさつき園を代表する思いで、このお別れのことばを書いてくれたのだと思います。今日、保護者会に出席するために来所された□□さんのお母さんにこの手紙をお見せしたら、一瞬絶句されて、目頭を熱くされていました。

九月七日（木）　障害理解と障害者理解、そして障害特性について

私たちが思い違いをしてはならないことは、例えどんなにその人の「障害」をよく理解できたとしても、その「人」を理解できたことにはならない、ということです。

だから、私たちは「障害」を対象とした支援をするのではなく、「障害のある人たち、すなわち障害者」を支援しなくてはなりません。現れる「障害」に目を奪われることなく、障害者、すなわち利用者である「人」を支援するのです。

「障害特性」という言葉があります。乱暴に言うと、障害の種類や程度によって異なって現れるある特徴的な状態のことです。

「障害特性」を学んで理解すれば「障害者」と呼ばれている人たちのことを理解したかのように思い違いをしている人たちがいます。そういった人は障害者福祉に携わる人たちの中にもいます。そして、「障害」を「個性だ」などという人もいます。

しかし、「障害」に囚われていては、「障害者」と呼ばれている人たちの本来の姿は見えないし、もとよりその人の個性も見えないのです。

一〇月四日（水）　松陰先生登場!?

公益財団法人日本知的障害者福祉協会が主催する第五五回全国知的障害福祉関係職員研究大会愛知大会が去る九月二七日（水）・二八日（木）・二九日（金）の三日間、愛知県名古屋市の名古屋国際会議場で参加者約二、二〇〇名を得て開催されました。山口県知的障害者福祉協会の各会員施設からも、施設長を始め関係職員が例年になく多数参加して来ました。

それは、何とこの研究大会の来年の引き受けが私たち山口県知的障害者福祉協会だからなのです。その下見を兼ねて、協会の理事・監事・評議員を含む、主立ったメンバーが参加したのです。昨年の北海道大会へも下見を兼ねての参加で、札幌市まで出かけて行っています。

その愛知大会最終日の最後の最後に「次期開催主催者あいさつ」があり、山口県があいさつをせねばなりません。これが私たちが大挙して名古屋に出かけた最大の仕事でした。

与えられた時間は一〇分。まず、山口県を紹介するＤＶＤの上映です。歴史、自然、観光地、食、産業などなど、山口県の良いところをふんだんに映像で紹介します。その映像には会員施設の女性職員三名による解説をかぶせました。それが終わると下見の関係者総勢二〇名が舞台に上がり、お揃いのオレンジ色のブルゾンを着て、みんなで『おいでませ！　山口へ！』の横断幕を持って並びます。そして、山口県山口市で開催する次期大会への全国からの多数の参加を呼びかけるのです。

その時です。少し間が空いて登場したのは、何と、山口県民が師と仰ぐ、かの松下村塾を主宰した吉田松陰先生その人だったのです。会場がざわめきます。

この「次期開催主催者あいさつ」の直前は宮崎県に住む発達障害の若い女性のピアノ演奏でした。会場にはピアノ演奏の感動の余韻がまだ残っています。それを察してか、松陰先生は開口一番、「ピアノ演奏のあとのいい雰囲気の中、こんな無粋な面々が登場して申し訳ありません」とお断りをされます。そして少しのお時間をいただきたいとして、来年の大会の日程やテーマなどについて紹介をされました。

最後に、松陰先生を含めた舞台に上がった全員で、『おいでませ！　山口へ！　待っちょるよ‼』と声を合わせて（？）お願いして、「次期開催主催者あいさつ」は終わりました。

大会終了後、会場出口付近で帰路に就く多くの参加者から「一緒に写真をお願いします」などの声がかかり、横断幕を持った関係者と松陰先生との記念撮影が幾度となくありました。

吉田松陰先生？　うそーっ？　誰？

ちなみに、来年の第五六回全国知的障害福祉関係職員研究大会山口大会は平成三〇年一一月一四日（水）・一五日（木）・一六日（金）の三日間、山口県山口市で開催します。関係者の皆様、そして一般社会の皆様、どうぞ『おいでませ！　山口へ！』

みんなでお待ちいたしております。松陰先生も？？？

一〇月一八日（水）「松陰先生」のこと

前回一〇月四日のブログで紹介した吉田松陰先生はいったい誰だったでしょうか？　あの松陰先生らしい衣装やかつらを準備するのはたいへんだったんですよ。でも、私たち山口県の福祉協会事務局の職員さんたちにもおだてられて、調子に乗って、第五六回全国知的障害福祉関係職員研究大会愛知大会の閉会式での次期開催地あいさつを無謀にも、衣装を着て、かつらをかぶって松陰先生に扮しちゃいましたよ。

そうなんです。吉田松陰先生もどきの格好で登場したのは、誰あろうこの私だったのです。インパクトあり過ぎで、前代未聞の次期開催地あいさつに関係の方々はさぞ驚かれたことと思います。

来年の山口大会。いったいどうなりますことやら……。

一一月六日（月）ふたりの桃源郷

KRY山口放送が平成三年から平成二八年までの二五年間にわたり、地元で取材、放送を続けてきたテレビドキュメンタリーを映画化した『ふたりの桃源郷』。やっと観ることができた。

還暦を過ぎて山で暮らすことを決めたある夫婦とその家族の記録だ。観ていていろんなことを考えた。いろんなことを考えさせられた。

生きること。暮らすこと。時代のこと。家族のこと。老いること。死ぬこと。信念を持つということ……。

だけども、ここで多くは語らない。いや、語れない。

おじいさーん　おじいさーん
おらぶ声が　山に沁みわたりゆく
ふたりの桃源郷

（監督：佐々木聰　ナレーション：吉岡秀隆）

一一月八日（水）　NHK山口ラジオ第一放送
「NHKジャーナル　やまぐち人権インタビュー」

お知らせです。

先月二三日、NHK山口放送局のラジオ番組からインタビューを受けました。

おととし五月、県内の障害福祉サービス事業所で複数の職員が利用者に繰り返し虐待を行っていた事件がテレビ報道により明らかになりました。皆様、まだご記憶におありでしょうか。

私たち山口県知的障害者福祉協会は会員事業所で起こったその事件を徹底検証した報告書

を今年六月にまとめました。その検証結果や障害者虐待防止への取り組みについてのインタビューでした。

その時のインタビューの内容がどのように編集されたのかが全く分かりませんので、ここでご案内するのはいかがかと逡巡していたのですが、やはり皆様にお聞き願いたいと思い、ご案内する次第です。放送日は明後日です。時間と関心がおありでしたらどうぞお聞きいただければと思います。

一二月一一日（月）　送迎便の添乗員

私たちのさつき園は通所の事業所です。ですので、毎朝、毎夕、五二名の利用者の内、五〇名（二名は自転車利用）を送迎便で送迎しています。五方面をマイクロバスなど五台で送迎します。

それが時には、朝になって、職員が急に休みを取らざるを得なくなることなどがあります。例えば、家族の健康に関してのことや親せきのご不幸などです。本人は申し訳なく思うのでしょうが、これればかりはどうしようもありません。業務は勤務に就いた職員でカバーするほかありません。

先日、そうした事態になり、私も朝や夕方の利用者の送迎便の添乗員として助っ人に出ました。

添乗してみて、まあ反省しきりです。なかなかスムーズにいきません。

私にしてみれば年に数回あるかないかの送迎便の添乗ですので、楽しみではあるのですが、職員のようにはいきません。利用者もいきなり園長が自分たちの送迎便に乗ってくるので、少々驚き気味です。

朝の添乗員は、送迎便が送迎場所について、そこで乗ってくる利用者と元気よく朝のあいさつを交わします。そして、その手のひらにスプレーで消毒液をかけるのですが、私がスプレーを用意する間に、もう利用者は両手を出して待っています。

利用者が車に乗り込んだら、連絡帳を受け取るのです。そしてシートベルトの着用を促します。でも、すべてのことは、私が言う前にちゃんと終わっているのです。

中にはシートベルトを着用しないで座っている利用者がいます。が、隣りに座った利用者がちゃんとシートベルトをしてあげています。それもいつもしているのでしょう。してあげる方もしてもらう方も表情一つ変えません。

独り言を言う人。私に話しかけてくる人。少し落ち着かずにいる人。時折、大きな声を発する人。でも、みんな日々のことなので落ち着いて車に揺られています。

私はと言えば、前を向きながらも車内の音に耳をそばだてているのです。利用者の変化や異常がないかを感じるためです。時折、車内を見回しますが、みんな自分の世界に浸っています。

送迎コースを順調に回って、車が園に戻り、利用者が園舎に入って行くのを確認したら、一段落です。

さあ、みんな、今日も元気に頑張るぞ!!

車の事故が多発している山口県。さつき園は通所の事業所ですので、送迎が命です。絶対に事故など起こしてはなりません。なので、毎日、毎朝、職員に安全運転を促し、利用者の乗り降りに十分注意するよう喚起するのです。ちょっとした気の緩みが地域からの、職場の同僚からの、そして何より利用者からの、保護者からの信頼をなくします。

一月二九日（月）　障害者虐待防止研修会事例発表

何の因果か、先週、東京に思いのほか雪が降って積もった日、私は東京にいました。その日、障害者虐待防止をテーマとした研修会で、私は事例発表者としての参加を依頼されていたのです。

その研修会の会場は、もう二〇年以上も昔の日々に、私が仕事で何度も訪れていた建物でした。しかし、長年訪れていませんでしたが、雪景色の中でその建物を見た記憶はありません。ですので、重いテーマの研修会での事例発表にもかかわらず、少しばかり新鮮な思いを持って研修会に参加しました。

今日、その研修会の参加者約一八〇名の中のお一人から、私宛てにお便りが届きました。

「……。古川さんのご発言は、きれい事では解決しない、だからこそ本気で虐待をなくしたい、という思いがストレートに伝わってきたように感じました。壇上であのようなご発言をされることは、それこそ私自身であれば相当の「勇気」が必要なことです。……」「……。研修では、率直なお話を本当にありがとうございました。……」

障害者福祉施設従事者等による障害者虐待を受けたと思われる障害者を発見した者は、速やかに、これを市町村に通報しなければならない。(障害者虐待防止法第一六条)

私は事例発表でいろいろ紹介したり発言したりする中で、この条文に対する私の意見を述べたのです。

『虐待の通報者は法の中では守られることになってはいても、だからといって職員に通報義務を強いるのは酷です。職場の同僚のしたことを虐待かもしれないとして通報すれば、「今の職場の人間関係が壊れるかもしれない」あるいは「自分はこの職場を追われるかもしれない」と、現場の職員は独り悩むのだ』と。『そうした現実があるにもかかわらず、それを条文一つで、通報義務があるから通報しなさい。通報したら私たちが動きますよ、として通報義務を強いるのはおかしい』と発言しました。

障害者虐待防止・根絶への取り組みは、もっともっと障害者福祉の現場で日々悩み、疲弊しながらも障害者支援に携わっている職員の現実とその日々の努力に関心と問題意識とを持ち、構造的に捉え返さねば、きっと私たちは問題の本質を見誤り、真の解決には至らないと思います。

思いもかけぬお便りをいただいて、雪の東京にわざわざ出かけて行った甲斐があったかなぁ、と寒く冷たかった東京の夜を思います。

二月一二日（祝・月）　社会福祉法人の密室性、あるいは閉鎖性について

およそ五年ほど前から始まった国の一連の社会福祉法人改革で、私たち社会福祉法人はこれまでの在り方やその姿勢を厳しく問われた。資金の内部留保問題や私物化の実態、課税非課税問題等々において。

しかし、それでも今なお社会福祉法人は決して社会に対して十分に開かれているとは言えない。裏を返せば、社会は社会福祉法人が何をやっているかを知る方法を持たない。その結果、社会は何かを意図しない限り私たちに関心を持たないでいる。だから、それをいいことに全国の社会福祉法人の中には、社会の無関心を逆手にとって、今も得手勝手なことができると思ってしまっている者、あるいはいまだにそこに手を染めている者がいるかもしれない。

例えば、社会福祉法人というソシキの責任者である理事長や施設長が極端なリーダーシップを発揮している場合がある。それはよほど注意をしないと、そこでは第三者の目が届きにくく

なり、高じるとソシキのことに誰も口を挟めなくなって、独善的なソシキ体制となることがある。そうなると社会福祉法人の密室性、あるいは閉鎖性はより強固になっていき、理事長や施設長の権限や発言に周囲の者がどんなに疑問や違和感があろうとも、それが当たり前となり、ついにはそれがソシキ内では日常となる。そこではもはや健全なガバナンスは機能しない。

既に皆さん、ご承知だろうか。昨日の新聞記事（読売新聞平成三〇年二月一一日付）はどうだ。

九州のある県のある社会福祉法人では、雇用している百人を超える職員から、毎月二千円から一万円の寄付金を給与やボーナスの支給日に合わせて集めており、それを何と県会議員である理事長の資金管理団体に献金していたという。しかもそれは二〇年以上にもわたって行われていた。総額は二億円を超えているとのこと。外部からの指摘を受け、先月、寄付金集めをやめた、と書かれている。

そのことについて施設職員は「負担に感じて退職した人もいる。問題だと思っていても口には出せなかった」と話している、と報じている。理事長は県議一二期目で県議会議長も二回務めている人物だという。

何ということだ。

自分の身をどう処せばいいのかと、職員の人たちはどんなにか悩んだことだろう。苦しんだことだろう。

あなたはそんな職員に向かって、「どうしてそのことを職員は指摘しなかったのか。二〇年以上も続いているのに、指摘しない方も悪いんじゃないのか」と、言い放つだろうか。

私にはとても言えない。

それは個人の問題ではない。ソシキの問題なのだ。

私たちはこうしたソシキとしての社会福祉法人の密室性、あるいは閉鎖性を脱皮しなくてはならないと思う。

二月二六日（月）　メジロ

あれはメジロだと思うのです。

先週、思いもかけず、意外なところでメジロを間近に見ることがありました。でも、残念なことにそのメジロは死んでいました。

どうしてあんな狭いところにメジロははまり込んでいたのだろうか……。

その疑問が頭から離れません。誰かのいたずらの果てだったのでしょうか……。

春まだきメジロは枝を渡らざり
いたずらの果てかメジロは哀しけれ

息絶えてメジロの軽さ極まれり
何とも辛い、春を待ちわびる日の出来事でした。

三月一四日（水）　抑え込まれる意思

先日、岩国総合支援学校の卒業式に出席した。校長先生から一人ひとり卒業証書を受け取る姿を見ながら、こんなことを考えていた。

知的障害のある人はその人生の中で、どれだけ自分の意思を他人に向かって、自分自身が納得できるほどに表明できる環境にあるだろうか。例えば家庭で、学校で。あるいは地域社会で。

私たちはその置かれた状況によっては、自分の意思とは異なる判断をすることがある。いや、そうせざるを得なくなるような現実場面に遭遇することがある。そして、その時はいかに不満な結果であっても受け入れざるを得ない。受け入れて、「あれはあれで仕方がない」と諦めて、自分で自分を収める。

しかし、そういったことは、私たちは気づかないが、家庭で、学校で、地域社会で、知的障害者にも起こっている。それはその場の他者との関係を丸く収めようとする、彼ら以外の誰かの状況判断の結果だ。そこでは知的障害のある人は「今日は我慢してね」とか、「また今度ね」と言ってなだめられ、自分の意思を抑え込まれて、己を満足させることができない。

ところが、そういうことが度重なると、彼らはついには自分があたかも虐げられているように感じてしまい、そのことをきちんと受け入れることができないまま、満たされない感情を心の奥深くに抱くようになる。そして、「どうせ思い通りにはならない」と自分の意思を放棄するようになっていくのではないか。そのやり場のない感情が不意に思わぬ言動として外に現れると、人は「これだから障害者は困るんだよ」と、舌打ちするのだ。

退場する卒業生に拍手を送りながら、そんなことをあれこれ考えていたら不意に「頑張れよ!!」と声をかけたくなっていた。

三月二二日（木）　吹けば飛ぶような

藤井聡太。この春、高校一年生になる一五歳の少年。

私たちは私たちの日常の中で、人と現実に一対一で対峙する場面に遭遇することなど、滅多にあるものではありません。ましてや、そこで優劣を競い、勝敗を決するために人と間近に座り合い、五時間も六時間も対峙するなどということはないのです。

プロの将棋の世界で記録づくめの対戦成績を残している少年の、その内心はともかく、ネクタイをしたスーツ姿で、眩しそうに、恥ずかしそうに、そして少しかったるそうに、やや伏し目がちに対戦会場に入ってくる様子から、将棋の持つそうした独特の空間と時間に、少年はよ

く馴染んでいるように見えます。険しい表情を見せるでもなく、精神を集中させて、しかも淡々とそこにある空間と時間に入っていくように思えます。
そして、対戦後のコメントの語り口と語る内容から受ける印象は、私たちの知らないところでの、彼の孤独な戦いの量の多さと質の高さを感じさせます。それは生半可な量と質ではないと思われます。
この一五歳の少年にとってコンピューターの存在は何なのでしょうか。将棋に殊更の興味と関心を持つ少年少女がコンピューターを相手に孤独な修練を続ければ、第二、第三の藤井聡太は生まれてくるのでしょうか。
藤井聡太。プロ将棋棋士六段。尖ったところを見せないところがいい。

吹けば飛ぶような　将棋の駒に
懸けた命を　笑わば笑え……

（「王将」歌：村田英雄　作詞：西條八十　作曲：船村徹）

少年にはこんな昭和の悲壮感など、どこにもないのです。すでに時代は平成さえも超えていこうとしています。

三月三〇日（金）　邂逅《かいこう》

先日、桜が満開に咲こうかというニュースの流れる中、その人にお世話になった大勢の者の内のわずかな者たちが集まって、その人の誕生日をささやかながらお祝いさせていただきました。

思えば、四〇数年前に、今、誕生日を迎えて九七歳になられたその人との出会いがなければ、私の人生は、今日ここまで私が歩いて来たこの人生とはまったく違った人生になっていたはずです。人は誰も、自分の人生を、自分に与えられた力のすべてと自分の意志とで切り拓いているのではない、と実感します。

出会って以来、今日までの四〇数年に亘り、私は、私が意識するかしないかに関わらず、その人から障害者福祉についての考え方、向かい合い方、そしてそこでの社会との関係の取り方を陰に陽に教えられてきました。

そんな出会いが私の人生に訪れたことはまったくの天の計らいとしか言いようがありません。それは、どんなに考えても私の力や意志などの及ばぬ何ごとかの結果です。人生における人との出会いはそんなものなのでしょうか。

会食のテーブルを囲んで、思い出の中を、記憶の中を、時のあいだを行きつ戻りつしながら、懐かしがったり、大笑いしたり、しんみりしたり、知らなかったことに驚いたりしながら、久しぶりのひと時を過ごしました。

今は車椅子の人となったその人のその声と瞳には、しかし、出会った頃に変わらぬ熱いもの、深いものが宿っていました。

「古川さん、あなた頼むよ。頑張ってよ」

「はい、頑張ります」

思わず、忘れかけていた若い日の感覚が全身に蘇ってくるのを感じていました。

平成三〇年度

四月二三日（月）　実体のない言葉

例えば、

『私は今日一生懸命仕事をした』

という文章から、あるいは発言から、私たちは何を知るのだろうか。

この文章で確かなものは、「私」と「今日」だけだ。

「一生懸命」も「仕事」も「した」も確かなものではない。

何故なら、「私」以外の人には、「一生懸命」も「仕事」も「した」も確認する術がない。

しかし、「私」には「一生懸命」も「仕事」も「した」も確かなものなのだ。そして、「私」が私以外の人に伝えたいのも「一生懸命」であり「仕事」であり、「した」なのだ。

これらは主観に属す内容を持つ。「一生懸命」は主観であり、客観ではない。一見客観に思えそうな「仕事」も、やはり主観だ。そして、「した」も主観だ。どこまでも、私自身が、「一生懸命に仕事をした」と思っているだけなのだ。私以外の人にとって、それはどんなに力説されようとも、客観にはならない。

こうした他者にとって実体のない、しかし本人にとってはすこぶる重要な意味を持つ言葉に馴染んでいくと、本人にはあたかもそれが客観としてあるように思えてくるのか。

自己満足感に浸り込んで、自己膨張する自意識。

『私は今日一生懸命仕事をした』

「一生懸命仕事をした」ことは、私自身ではなく、私以外の他者によって確認、立証されなくてはならない。しかし、そんなことは現実には成し得ない。

主観と客観とがぴたりと一致することは、ない。

実体のない言葉が氾濫し、主観と客観が様々にずれる時代と社会に、私たちは生きている。

五月二八日（月）　組織との闘い

組織を統括する人間の価値観が、自分たちの組織のためなら人の心身に危害を加えても良しとするような組織があった。そんな価値観を持つ組織統括者がいた。

まともな組織とは到底思えない。

しかし、誰かが自分の生活と人生を人前に晒す覚悟で、組織と正面から向き合い、そのことを社会に提示しなければ、あるいは告発しなければ、それは社会には届かない。

青年は自分のとった行動を深く反省し、傷つけてしまった人に謝罪し、社会を騒がせたことを詫びる時、図らずも、日常的に彼らの人権を蹂躙し続け、彼らの心身に抑圧を加えることに何の痛みも感じない組織と正面から向き合うことになった。

もしもあの青年がこうした行動をまったくとることがなかったら、組織は組織を守るために、いつまでも組織内の人間を人質にしてその尊厳を奪い続け、その組織の本質は闇の中に潜んだまま明かされることはなかっただろう。思えば恐ろしいことだ。

私たちの目の前に、己の将来と人生を人前に晒す覚悟で組織と闘うことを選択した青年がいる。

六月一〇日（日） 椅子の座り方から

仕事上、いろいろな研修会、講演会、委員会など、人の話を聞いたり自分の意見を述べたりする場に臨むことが少なくありません。そこではいろんな仕草を見せる参加者、出席者に出会います。

例えば、先日のことです。ある研修会で、会場の比較的後方に席をとった私の目に入った光景に感心してしまいました。

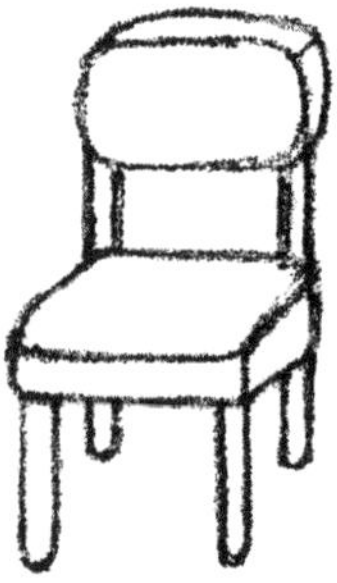

出席者は一様に会議机の上に資料を置いて、正面の発言者の発言に目と耳を傾けています。しかし、その後ろ姿はまちまちです。私には、そこには各出席者の各人各様の、それぞれその会に出席する構えの違いがあるように思われてきました。ていねいに発言内容をメモ用紙に書き込んでいると思われる人。発言のポイントと思われることを手短に書き込んでいると思える人。また、発言者が発言するたびに頷いている人。頭も手も動かず、じっと聞いているかのような人。頭や肩が揺れており寝ているかと思われる人。スマートフォンか何かを机の下で操作しているような人などなど。

そんな参加者の思い思いの仕草の中、ある人の椅子に座った後ろ姿に目が留まりました。

その人は椅子の背もたれに沿って背筋をすっと伸ばして、両足をきちんと揃えて座っています。メモを取るときにはやや前向きになりますが、書き終わると、元の背筋を伸ばした姿勢に戻ります。その間、揃えた両足は少しも乱れません。私は最初はそんなことを気にすることもなく、見るともなく見ていたのですが、その内、その姿勢が少しも乱れないことに気がつきました。特に両足が常にきちんと揃えられたままであることに気がつきました。驚くべきことです。

その人のその姿は背後からの視線を気にしているからなのでしょうか。あるいはそれはその人が幼い頃から家庭で躾けられた生活習慣の一つなのでしょうか。それともある時思い立って、自ら努力して身につけた習慣なのでしょうか。そこにはその人の生活振りや生き方が表れているようにも思います。

椅子に腰かける時は深くすっと背筋を伸ばして、両足はきちんと揃えて座る。

その両足をきちんと揃えて背筋を伸ばして椅子に腰かける姿の何と美しいことか。

それは私には到底できていないことです。会場の後方から見た多くの出席者の背筋や机の下にあるその足の動きも、誰かから見られていることなど思いもよらぬことで、猫背気味になっていたり、両足をごそごそ動かしてみたり、中には靴を半分脱いでみたりと様々です。それは発言者の話に集中しているからかもしれませんが。

私たちは自分の後ろ姿を直に自分の目で見ることはできません。また、後ろ姿が他の人からどう見えているのかをさほど気にして生活してはいません。私たちが鏡を見て確認するのは、そこに映っている体の前面の頭、顔、服装の印象が大半です。しかし、他人からは前面だけではなく、常に全身を見られています。

人の振り見て我が振り直せ。

人の振り見て自分もそうかもしれないと反省して改める。また、人の振り見て自分もそうありたいと願って改める。

椅子の座り方に限らず、人の振りから学ぶことはたくさんあります。

六月二〇日（水）　季節の変わり目の頃

「梅雨になった！」

「そう、梅雨になったねー」

「散歩、行かれん」

「そう、雨が降るけー、散歩行かれんよ」

「散歩、行かれん」

「そう、散歩行かれん。散歩に行って雨に濡れたら風邪引くよー」

「はーい！」「梅雨が終わったら、夏になる！」

「そう、梅雨が終わったら夏になる。○○さん、よう知っとるねー」

「夏になったら、セミが鳴くよ」

「そうー、夏になったらセミが鳴くねー」

「夏になったら、セミがミーミー鳴く！」

「そう、よう知っとるねー。夏になったらセミがミーミー鳴くねー」

「夏になったら暑い！」

「そう、夏になったら暑い。汗かくよ」

「汗かいたら、タオルで拭く！」

「そう、汗かいたら、タオルで拭きます」

「はーい！」「夏になったら、花火がある！」

「おー、そうじゃねー。夏になったら花火があるねー」

「夏になったら、花火見る！」

「○○さんは花火、好きかねー」

「花火、好きー！」

「そうかね。花火、好きかねー。いいねー」

「はーい」

午前中の作業の時間ですが、作業には向かわず、ドアを開けている園長室の前を行ったり来たりする○○さん。

元気な声で園長に話しかけてくれます。

季節の変わり目の頃になると落ち着かなくなる○○さん。そんな時、○○さんは園長の話し相手をしてくれます。

時に、心持ちが不安定になるのか、大きな声を上げたり自分を叩いたりする○○さんですが、園長の話し相手をしてくれるときは、穏やかで優しい○○さんです。
○○さんの「はーい！」の返事がいいんです。○○さんの「はーい」の声を聞くと、なぜかうれしくなる園長さんです。

七月三〇日（月） 試練 親亡き後《あと》

昭和六二年四月の開所当時から、ずっとさつき園に通って来てくれている○○さん。その○○さんのお父さんが亡くなられました。

先日のお通夜、翌日のご葬儀にそれぞれさつき園の利用者、保護者、職員、旧職員など二○人ほどが参列させていただきました。

私はご葬儀に参列いたしました。

ご葬儀が終わり、出棺の準備が始まります。ご親族を中心に、生花で故人の周りを飾ります。

そして棺に蓋がされます。

すると、○○さんは蓋をされた棺の周りをゆっくり時計回りに回りながら、棺の四つの角を右手の人差し指でチョンチョンと触っていきます。その時に何か呟いているようですが、発語が言葉として聞き取りにくい○○さんですので、残念ながら聞き取れません。私はその思いを想像するほかありませんでしたが、想像できませんでした。○○さんは何を思っていたのでしょうか。

亡くなられたお父さんは八〇代後半の年齢です。あとにはお母さんと○○さんたち三人のご兄弟が残されました。お母さんもご高齢です。ご兄弟の年齢も推して知るべしです。

お父さんの思いはどうだったか。お母さんの思いはどうか。ご兄弟の思いはどうか。

さつき園は○○さんのお父さんにはたくさん、たくさんお世話になりました。困ったことに遭遇すると、「えーよ。私がやりましょう」といつも助けていただきました。人間関係の執り成しも、さつき園の造作物の修理なども、人知れず、快く、請け負ってくださいました。それで園長の私はずいぶん助けられたものです。感謝しきれません。

お父さんが亡くなられた後のご家族のこれから、○○さんのこれからは、ご家族で決められなくてはなりません。さつき園にできることは先導することではなく、支援することです。今後のことは、ご家族はそれぞれの立場で、これからのご自分の人生とご家族の人生との折り合いをつけていかねばならないのです。

ご葬儀が終わり、○○さんは以前のようにさつき園に通所して来てくれています。が、私の思い過ごしでしょうか、どこか淋しそうに思えます。頑張ってほしいものです。

八月二四日（金）　衝撃の回答

先日、ある人生相談コーナーの相談内容とその回答に驚かされました。

（前略）思い切って相談いたします。（中略）このつらい思いを誰にも言えずにきました。（中略）死を思った時、（中略）言わないままでは、くやしくて死にきれません。今さらこんなことを言う私は愚かでしょうか。

この相談に答えた回答者の回答に思わず唸ってしまっていました。

「死」を意識したときに浮上した心残りは、それをしないままでは死ぬに死ねないというものです。（中略）この先はあなたが（中略）一人の人間として、これからの時間をどう生きたいかにかかっています。（中略）どんな結果でも受け入れる覚悟をもち、実行なさるがよいと思います。（中略）人知れず苦しんできたのです。（中略）あなたは一切悪くありません。苦しかったことでしょう。人生の最終章ぐらい、清明な心で生きていただきたいと思います。

思うところがあって、相談内容を端折って紹介したので、相談者に何が起こったのか、詳しくはお分かりにならないでしょうが、私は人生相談の回答で、これほどまでに切れ味のいい回答に出合ったことがありません。当たり障りのない内容をもっともらしく口にして済ませている私たち。責任を取らないことを内に隠して、理屈を駆使してその場をやり過ごしています。後に残るのは空しさばかりです。

「どんな結果でも受け入れる覚悟をもち、実行なさるがよいと思います」
「あなたは一切悪くありません」
「人生の最終章ぐらい、清明な心で生きていただきたいと思います」

これは衝撃の回答です。ここには人生に対する確固たる思いをもった回答者の屹立する精神があります。見事というほかありません。

一〇月二四日（水）　島の自立

さつき園のある周防大島町（一島一町）では今も断水が続いています。ですので、さつき園も断水しています。

今週月曜日早朝。島と本土に架けられた大島大橋の裏側に設置されていた島への送水管が破断して、海面に垂れ下がってしまっているのが分かりました。

今年の一月に続いて送水管の損傷は二度目のことです。「町や送水管の管理者は何をしてるんだ」と疑問に思っていたら、何と今回は橋の下を通った船のマストが橋にぶつかったのが原因だったそうです。そしてぶつかった船はそのまま逃げていたそうです。ふざけた仕業です。そのせいで島での生活がいきなり窮地に陥りました。

今回は一月の時に比べてより激しい、想定外ともいえる損傷のために、復旧が長引きそうだとの関係者の声でしたので、さつき園は二二日・二三日・二四日の通所を休園することにしました。すると、昨日二三日は送水管や光ケーブルなどの破断損傷の状況や橋の損傷状況の確認のため、橋は終日通行止めになりました。そして今日からは橋は片側交互通行になり、上下線とも橋のたもとでは長い車の渋滞が発生しています。仮復旧の目処も立たず、本格復旧はなおのこと、いつになるのか誰にも分からない状況です。橋は重量二トン以上の車の通行を禁止されています。なので、さつき園の送迎車は通ることができません。苦しい決断でしたが、明日から来週の金曜日まで七日間の通所を休園にしました。七日間の休園日に土日を加えれば九日間となります。利用者や保護者の生活振りが心配です。

これが島の置かれた現実です。島は自立していませんでした。島で生活するための大事な生命線の送水管。あたかも人を生かすために取りつけられたチューブのようです。しかも、大事なものなのに一本しかありませんでした。息ができません。心臓が動きません。生活がままなりません。

少子高齢、人口減に歯止めのかからない島を何とか活性化しようと、島民、関係者、みんなでこぞって盛り上げていこうとしていました。しかし、島は自立していませんでした。本土に依存していたのです。忘れていました。水も電気も食料も人もみな本土に頼っていました。これからはますますそうした依存度がさらに高くなっていくことでしょう。弱った体にカンフル剤を投与するように。

もはや島の自立はありえないのでしょうね。およそ四〇年前、本土との懸け橋が完成し、島は活気に満ちていました。しかし、それは自らがもたらした活気ではなかったのかも知れません。本土の支えがあってこその島の明るさだったのでしょう。本土との間に橋が架かり、島が得たものは大きかったかもしれませんが、その時から島が失ってきたものはそれ以上に大きかったのかも知れません。島の生活の豊かさとは何か。本土並みになることでしょうか。私たちの生活の豊かさとは何か。人生の豊かさとは何か。

障害者と呼ばれる人の人生と、自分のことを健常者と思っている人の人生。その豊かさは、いったい同じでしょうか。

送水管の破断事故（事件？）に遭遇して、島を思い、人を思いしながら、そんなことを思っています。

一一月二〇日（火）　第五六回全国知的障害福祉関係職員研究大会山口大会開催

一般財団法人山口県知的障害者福祉協会は主催する三団体の中の一つとして、参加者およそ一、七〇〇人の全国大会を先週の三日間、山口市で開催しました。大会役員、委員、スタッフ総勢二八六人。参加者と合わせると約二、〇〇〇人規模の大会となりました。これほどの規模の大会は山口市では稀なことのことです。この大会が山口県で開催されるのは四五年振りの二回目です。

全体会、分科会の会場の確保。ホテルの確保。夜の情報交換会の会場。各ホテルや分散した各分科会会場間のスムーズな参加者の移送。結果的に厚さ二cmにもなったA４版の大会の資料作り。来賓の誘導、参加者の流れ、会場ロビー内の受付やクローク、商品販売、書籍販売の場所。舞台上での段取り、司会者の原稿内容。リハーサル。空港、新幹線の駅から会場までの道案内。駐車場の確保。分科会の助言者、講師、コーディネーターの人選。事例発表、講演、シンポジウムの流れ。会場の参加者からの意見、質問の引き出し。昼弁当の手配などなど……。思いつくままでもこんなことにあれこれ苦労、苦心してきました。

この二年間、主だった者が前々年と前年の大会の下見に出かけ、そこでのご意見や反省点もお聞きし、参考にしながら準備に取り組んできました。が、何とまあ、遅々として進まない印象の実行委員会だったことでしょう。それでも幾度となく開いて、何とかかんとか進めてきたのです。

全国大会を無事に終えた今、山口県知的障害者福祉協会はみんなの力を結集して、その総力を挙げて、「よく頑張ったぜ!!」と自画自賛します。

実行委員長を務めた私は、第一日目の夜の情報交換会での歓迎のあいさつと、最終日の閉会式での最後の最後の「閉会の言葉」を仰せつかりました。

その最後の最後に私は、「みなさん、もう帰るんですか？　もう少し山口にいませんか？もっと話をしませんか？」と会場の参加者に向かって言ってしまいました。だって、私たちは二年間もみんなで頑張って準備してきたのに、参加者が三日間でもう全国各地に帰って行くなんて、それはあまりにもったいないと思ったからです。

十分なおもてなしはできなかったかもしれません。けれど、今回の山口大会で知り合った障害者福祉現場を支える参加者同士がネットワークを組んで、それぞれの地域や持ち場で、この三日間で得た何かをきっかけにして障害者福祉にさらに意志して取り組み、その旗を社会に向けて大きく振り続けて欲しいと思います。社会の関心と理解を促すことも私たちの事業活動の目的の一つなのですから。

みなさん、三日間、そして二年間、お世話になりました。ありがとうございました。

一一月二六日（月）　素直な気遣い

瀬戸内海に浮かぶ山口県周防大島（屋代島）の、本土との唯一の連絡橋である大島大橋の通行規制は何とか一両日中には全面解除になりそうだ、というところまできました。しかし、全島の断水は依然続いています。皆様にはご心配をおかけしておりますが、島もさつき園ももう少し頑張らねばなりません。

そんな日々でのことです。

その日もいつものように、利用者終礼での週当番の利用者の「気をつけ！　礼！」の号令を合図に、みんなで「さようなら」と言い合って作業室から下駄箱に向かっていました。すると、その中を○○さんが少し恥ずかしそうに、それでも笑みを浮かべながら、私に近づいてくるのです。

すぐ近くまで来た○○さんに、

「何？　どうしたん？」と私。

でも、○○さんは少し笑っているままで、何も言いません。

すると、おもむろに右手を伸ばして、私の胸元を指差します。顎を引いて、その指の先を見ると、私のボタンダウンのシャツの上から三番目のボタンが外れているのに気がつきました。

「おっ、ボタンが外れちょるじゃー」と私。「ありがとう！」と言いながらボタンを留める私。

それを見て、うれしそうに笑う◯◯さん。そして、ホッとした表情で、でもやはり少し恥ずかしそうにしながら、みんなのあとについて下駄箱に向かいます。

きっと、朝から、そのボタンは私が留め忘れていたものと思います。私はもとより、私と会った人、私と話をした人も、誰もその留め忘れたボタンに気がつかなかったのでしょうか。それとも気がついたけれども、遠慮して(？)「外れてますよ」って言えなかったのでしょうか。

『あっ、ボタンが外れてる。園長、おかしいよ。教えてあげなくちゃー……』

その◯◯さんの素直な心に触れたお陰で、このところ続く、日々の心身の緊張と疲労が少し和らぐのをうれしく感じたことでした。

一二月五日（水）　全面通所再開はうれしいけれど……

一二月に入って、現在、大島大橋の損傷も復旧し、仮設の送水管も完成し、大橋の損傷事故からおよそ一ヵ月半振りに、どうにかここ周防大島に以前の日常が戻りつつあります。さつき園も来週月曜日（一二月一〇日）からやっと通所を全面再開することにしました。

橋自体の損傷が思いのほかひどく、日中は車両重量が二トン以下の車両しか通行できず、しかも当初は風速が五m以上になると大橋は全面通行止めになりました。また、大橋に設置してあった送水管が破断したため、ほぼ全島が断水状態でした。そのためさつき園は島内と島外の二ヵ所での通所を余儀なくされたのです。それがやっと解消されます。素直にうれしいです。

この間、私は二ヵ所の通所（島内のさつき園と島外に間借りした柳井ひまわり園地域交流ホーム）を行ったり来たりして、心配しつつ、落ち着かない日々を過ごしました。しかし、多くの利用者のそれぞれの環境への適応はスムーズで、しかも落ち着いていました。内心は緊張していたのかも知れませんが。しかし、私たちはそのことでどんなに救われたことか。お陰様で、皆、体調を崩すことも事故や怪我などもなく、無事に過ごすことができました。

多くの方々から激励の言葉をいただき、また水などの生活必需品のご寄付を寄せていただきました。ありがとうございました。

しかし、例えば、今、橋は復旧したとはいえ、橋の歩道部分に仮設の送水管が敷設されたために全長一、〇二〇mの大島大橋の自転車での通行はいったん自転車から降りて、自転車を押して歩道部分を歩いて渡ることになっています。ですので、大島商船高等専門学校の諸君は、再開した授業に出席するために、事故前は自転車を漕いでほんの数分で渡っていた大橋をおよそ一五分をかけて歩いて渡らざるを得ない状況なのです。まして、これから冬に向かいます。山口県内でも比較的暖かいと言われている周防大島でも、冬季に瀬戸を渡る風は冷たく強く吹きます。生徒諸君の健康が心配です。

生徒諸君、ご苦労だけれど、どうか負けずに元気に通学してください。

さつき園の通所の再開はうれしいけれど、このように島ではいろいろなところで以前とは違った生活を強いられていくのではないか、と心配しています。特に高齢者の生活への影響が心配されます。

町行政から復興の手立てが提案されていますが、たちまちの生活の在り方と、将来を考えた島での生活の展望との双方を見据えながらのことになります。

これは今後の島の存続に関わる大事な問題です。そして、それは島の自立をかけた長い闘いです。

一二月二〇日（木）　仮説　社会の価値観の連鎖

子どもが成長し、結婚し、子どもが生まれて親になる。その時、その親が自分の子どもに暴力をふるうと、その子どもも自分より立場の弱い者に暴力をふるうようになる。そのまた子どもが自分より立場の弱い者に暴力をふるうと、その子も自分より立場の弱い者に暴力をふるうようになる。そして彼らが成長し……。こうして、私たちの社会の暴力の連鎖は止まらない。

同様に、子どもが成長し、結婚し、子どもが生まれて親になる。その時、その親がある特定の人（たち）に偏見を持つと、その子どももある特定の人（たち）に偏見を持つようになる。そのまた子どもがある特定の人（たち）に偏見を持つようになると、その友だちもある特定の人（たち）に偏見を持つようになる。そして彼らが成長し……。こうして、私たちの社会の偏見の連鎖は止まらない。

同様に、子どもが成長し、結婚し、子どもが生まれて親になる。その時、例えば、その親がある特定の人（たち）を差別するようになると、その子どももある特定の人（たち）を差別するようになる。そのまた子どももがある特定の人（たち）を差別するようになると、その友だちもある特定の人（たち）を差別するようになる。そして彼らが成長し……。こうして、私たちの社会の差別の連鎖は止まらない。

これらの連鎖は、私たちが生きるその時代の社会情勢や個々の生活環境によって、その表れ方に強弱の違いはあるかもしれないが、生まれた個人の骨身にじわりじわりと沁みてその価値観となり、それが知らぬ間にその家族に漂う価値観となり、そして私たちの時代や社会を覆う価値観となっている。

先日、ある人と園長室で話をしていた時のこと。

「園長さん。私は障害者の方が元気に楽しそうにしている姿を見ると、うれしいんだけれど、どうしてか涙が出るんです……」

私たちが見ている目の前に広がる景色の裏側には、一〇年や二〇年足らずの時を検証するだけではとうてい知り得ない、私たちの知らない、こうした社会の価値観の長い連鎖の歴史に耐える人生がある。

一二月二六日（水）　鞍上　武豊

先日の日曜日（一二月二三日）、平成最後の競馬・有馬記念（第六三回）が行われた。場所

は中山競馬場（千葉県船橋市）。距離は、芝二、五〇〇m。

有馬記念の出走馬はファン投票などで選ばれ、その年の人気馬など一六頭が出走するG1レースの中でも人気の高いレースだ。今年はその一六頭の中に障害（物）レースの王者と呼ばれていた馬が選ばれていた。障害レースを走る馬もファン投票の対象馬になるということを私は知らなかったので、そのことを知った時は少し驚いた。障害レースを走っていた馬がそうそうたる人気馬に交じって、何とファン投票で三位になり、有馬記念を走るとは。

結果は三番人気だった八枠のブラストワンピースが最後の直線で抜け出し、他の馬の追い上げを振り切り、首差で優勝した。

その平成最後となる今年の有馬記念に、障害レースの王者からこの有馬記念に挑戦してきたオジュウチョウサンにあの四、〇〇〇勝の名騎手武豊が乞われて乗ったのだ。スタートして一度はトップに立って観衆を湧かせたオジュウチョウサン。結果は九着だった。しかし、鞍上の武豊のレース後のコメントに、私はちょっと痺れた。

「一生懸命走ってくれて、よく頑張ったと思う。四コーナー回ってからの頑張りには感動しました」とたたえていた。（一二月二四日付読売新聞）

競馬結果の記事で九着の馬の騎手の談話が載るなどと言うことは滅多にない。大半はもちろん優勝した馬の騎手の談話が載り、レースを振り返っての勝因や今後への期待が語られている。

私は武の談話には、紙面の都合で短くまとめられたとはいえ、馬への敬意と感謝の気持ちがあふれていると感じた。そしてそこには武豊の真摯な人間性も滲んでいるように思えた。
平成三〇年一二月二三日　中山競馬場
第六三回有馬記念
九着一枠　オジュウチョウサン
おめでとう!!　よく頑張った!!

一月四日（金）　ジュースは飲んでみないとその味は分からない

あけましておめでとうございます
皆様、どのように新年をお迎えでしょうか。
昨年後半、さつき園が所在する山口県周防大島町では、島から本州への唯一の架け橋である大島大橋に外国船籍の貨物船が衝突し、その事故による断水が何とおよそ五〇日間も続いたのです。死者こそ出なかったものの、それにより島での生活、産業、観光、医療、教育、福祉などに計り知れない大打撃を被りました。しかも、その後の賠償問題は相手方の出方によっては、損傷を負った大橋の修理費用にも足りない額で、決着を押しつけられそうな状況だとか。
昨夜、熊本地方で震度六弱の地震が起こりました。震度六弱の揺れに揺さぶられた人たちは

三年前（二〇一六年四月）を思い出して、生きた心地がしなかったのではないでしょうか。

こうした「まさか」の事故。「まさか」の地震。そして様々な「まさか」の何か。

しかし、残念ながら、その「まさか」の出来事に限らず、私たちの人生は体験しなければその本質が分からないことばかりです。自分が未体験なことは体験した人の話を聞いて、その体験を想像するほかありません。戦争体験もそうです。被爆体験もそうです。

そうした苦しい体験や思い出したくない体験ばかりではなく、うれしい体験、楽しい体験も同様です。どれも体験してみなければどういう気持ちになるのか、どういう現実がそこにあるのか、分かりません。

私はここ一〇年来、毎年、さつき園のお隣の大島中学校の一年生に三学期の授業の一時限をいただいて、さつき園のことや、障害者福祉のこと、さつき園の利用者のことなどのお話をさせていただいています。私がそこで必ず話題にすることは、「ジュースは飲んでみないとその味は分からない」ということです。

――自分が飲んでもいないのに、目の前にあるジュースを「これ、おいしいから飲んでみんさい」と、友だちに勧めることはできんよねぇ。自分で飲んで、おいしいと思うから「このジュースおいしいよ。飲んでみんさい」と、友だちにも勧められるんじゃろう――。

障害者への思いや感じ方も同じなのです。障害者をただ景色としてみているだけ。障害者とただすれ違うだけ。あいさつは元より会話などしたことがない……。それでは到底、障害者と体験を共有したとは言えません。

なのに、私たちは人から聞いた障害者に対する偏見と差別の意識を上書きして、自分の実感として持ってしまうのです。それを私は差別の連鎖と名づけました。

ジュースは飲んでみてほしい。障害者とは体験を共有してほしい。

自分で体験して初めて分かる何か。それが実感というものです。他人の体験を聞いて何かを感じても、それはそれでしかないです。それは実感とは言いません。他人の体験を自分なりに脚色して語っても、ことの本質は語れません。

だから、大島中学校の一年生には毎年三学期に一時限の話を聞いてもらったのち、三日間、さつき園で利用者と一緒に作業体験をしてもらっているのです。

是非、若い彼らに、彼らが若い時に障害者と体験を共有し、自分自身で障害者を実感してほしいと思います。

一月一二日（土）　通所歴三二年

新年最初の通所日の七日の月曜日。恒例の年の初めの利用者朝礼を行いました。

利用者全員が揃うまでの束の間、○○さんに「あけましておめでとうございます」と声をかけました。すると、○○さん担当の職員が「○○さんはいのしし年で、今年還暦なんですよ」と教えてくれます。それを聞いて、私には感慨深いものがありました。

○○さんは昭和六二年四月一日のさつき園開設当初からの利用者で、通所歴は三二年になるのです。今も、○○さんを含む五人の利用者が開設当初から通所してくれています。

当時は利用者のことを「園生」と呼んでおり、その頃、別の種別の障害福祉団体にいた私はそういう言い方に少し差別感情が滲んでいるように感じていました。また、当時は「措置制度」の時代で、社会の障害者に対する人権意識は今よりもずっと低かった頃です。施設職員は「指導員」と呼ばれていました。しかし、その「指導」は力や感情で一方的に「園生」に努力を強いるものでした。

今は、「支援員」と呼ばれています。その使命は利用者に力や感情で接するのではなく、利用者一人ひとりに敬意をもって接し、利用者から利用者自身のことを謙虚に学び、その暮らしと人生の質の充実に努力し、支援することです。

三二年もの間、わが国の障害者福祉の風を一身に受けてきた○○さん。私たちは○○さんからたくさんのことを学ばねばなりません。

一月二二日（火）　大関東平野

昨年、お互いにもういい年齢だからと思い、「今だ！」とばかりに、忙しい仕事の合間を縫って学生時代からいろいろお世話になった先輩ご夫妻に会いに、二人の住む関東平野の北西部の町に初めて出かけて来た。

その旅の途中でのこと。東京駅から乗り継いだ電車からの景色を見るともなく眺めていた私は、間に視界を遮るものがなく、どこまでも広々とした広がりを見せている関東平野のその広さに驚いてしまった。思えば、うかつなことに学生時代や社会人の頃に東京に暮らしていながら、私には関東平野のその広さを実感した記憶がない。

幼い頃に私が住んでいた九州の町は平野とは言いながらも近くには山が見えた。その後、引っ越して来た瀬戸内の村は平野どころではない。海があって、その海岸線に沿って国道が走り、その国道に重なるように山陽線が延びている。振り返るとすぐ後ろはもう山だ。

待ち合わせの駅まで迎えに来てくれた車で移動するのだが、何といつまでたっても、どこまで行っても、車は右左折を一度もしないまま、平野の中、町並みの続く道をただただまっすぐに、正面に見える遥か遠くの山並みに向かって走って行くのだ。

広い！　ほんとうに広い！　海岸線に沿った道路を右に左にカーブを切りながら車を走らせる私の日常とは全く異なる風景に目を見張っていた。

「あれが赤城山、あれが浅間山であれが榛名山だよ」と説明してもらったが、助手席の窓から見遣ると、遥か遠くに稜線が折れ曲がった山々が屏風のように連なっているのが、青白く霞んで見える。

そういえば、東京暮らしのある日。よく晴れた冬の日など、東京・八王子間を一直線に走る中央線の電車の窓からは、途中に視界を遮るものがないので、遥か遠くに富士山を望んでいたことを久しぶりに思い出した。

関東平野。東西一四〇km、南北一一〇km。一都六県に及ぶその広さはほぼ四国と同じ面積だという。

果たして、平野がこんなに広く、東西南北、遥か遠くまで続く土地に長年暮らしている人々と、海岸からすぐ後ろには山が迫っているような細長い土地に長年暮らして来た人たちとは、その精神や感性、人生観や生活感覚、あるいは土地への思い、自然との関係の取り方、そして先祖への思い、はたまたよそ者への関わり方などで、きっと何かが、どこかが違うのではないだろうかと思う。

あわただしい日常の中での一念発起の旅だったが、久しぶりの会話も自然なおもてなしも以前のままで、楽しい時間が名残惜しかった。そしてそれは大関東平野の広さと、遥か遠くの山並みとともに印象深い旅となった。

一月二八日（月）　人生

今から二ヵ月と少し前、「もう体が動かなくなってきました」と少し震えた声で電話がありました。

二ヵ月前、その人に会いに伺いました。

「人の二分の一の人生なら、人の二倍遊んで、人の二倍仕事をすればいい」

痩身の体を椅子に預けて、穏やかな笑みを浮かべながら、そんな話をされていました。私は何も言えないまま、じっとその人の目を見ているばかりでした。

まだまだこれから、と思っていた人生。しかし、その人生は自分にはないと悟ったその人は、残された人生をその言葉通りに生きたでしょうか。

そんな人生への向き合い方もあるのだと思いました。

「もっともっと生きるつもりだったけど……。まだまだやり残したことがある……」

「僕のことを忘れないでほしいんです」

そう言ったその人の無念さが胸に残ります。残念で仕方ありません。

「僕はきついことも言ってきたけど、できる限りの協力もしてきました」

「まだ東京と（周防）大島で講演の予定があるんです」

私はその医師のことを忘れないのです。

この島の、この町の地域医療に、そして地域福祉に熱心に精力的に取り組んでいたその人。

まだ六〇歳にもならぬ人生でした。

よく晴れた冬の日の昨日、ご葬儀がありました。

謹んでご冥福をお祈りするばかりです。

二月一〇日（日）　あれは私です！

さつき園では某短期大学の実習生を受け入れています。今年度もこの二月に一名を二週間、受け入れます。先日、その実習生との事前の面談を行いました。

そこでさつき園のことや学校や実習のこと、障害者福祉や高齢者福祉のこと、本人の将来に関することなど、あれこれ話をしたり聞いたりしました。すると、一通りの話が終わったかと思った時、ふいに、

「園長さんはブログを続けて書いておられますよねぇ」と、面談していた〇〇さんが思わぬことを言い出します。

「おー、よう知っちょるねぇー」と、少し驚いた私。すると、〇〇さんが

「園長さん、これ見てください」と自身のスマートフォンの画面を見せるのです。

「これ、私です」

「これ私？　何々？」と、私。

あわてて彼女が差し出したスマホを手に取ると、何と、

「園長さんが書いたこのブログの『一人だけの入学式』の新入生は私です」と言うのです。

「えっ、私って？」

見ると、そのブログの日付は平成一九年の四月一〇日（火）とあります。今から一二年前の

日付です。

「えー？　何でそのブログがあんたのスマホにあるんかね？　どういうことかいのー？」

「お母さん が教えてくれました」

「お母さん？　あーそうか。あんたのお母さんはさつき園のグループホームの世話人をしてくれよったんじゃったねー」

「はい、そうです。母が、『これ、あんたのことよ』って、教えてくれたんです！」

平成一九年四月。○○さんが入学したのは、今は廃校になった周防大島町立屋代小学校でした。当時は、新入生を合わせても全校生徒一四人でした。

あの時の入学式は忘れません。来賓で出席させていただいた入学式。新入生はたった一人でした。そのとき入学したのが、今私の目の前にいる○○さんだったのです。こんなに大きくなって、さつき園に実習に来るなんて！　もううれし過ぎて、言葉がありません。あの時の校長先生の言葉に○○さんが明るくはきはき返事をする情景を思い出します（でも、新入生の名前までは記憶から飛んでいました。申し訳ない）。

「そうか。あの女の子はあんたじゃったんかー」

あの日会った○○さんがその時の明るさのままの○○さんでいてくれたのが、とってもうれしかった。

さつき園での実習は二月一二日（火）から二月二五日（月）の予定です。しっかり、障害者福祉の基本と精神を学んでほしいと思います。

〇〇さんは「私は廃校になっても屋代小学校が大好きです。校歌もどこの学校の校歌よりも好きです」と言います。

私もです。私も屋代小学校の校歌が大好きで、一番だけですが覚えていて、時折り口ずさんでいます。

『山のいずみの清らかに　流れる丘よ　野も里も……』

その「一人だけの入学式」をここに紹介させていただきます。

平成一九年四月一〇日（火）　一人だけの入学式

この九日、一〇日の二日間に三つの学校の入学式に出席させていただきました。

その中で、屋代小学校（周防大島町立）の入学式は女子の新入生が一人だけでした。

その一人だけの入学式は、暖かい春の日差しの中、小学校の体育館で午前一〇時から行われました。

出席者の拍手に迎えられ、真新しい制服を着た新一年生は一三人の先輩在校生の間を通って笑顔で入場し、演壇の前の小さな椅子に腰掛けます。

式が始まると、立ったり座ったりそしてお辞儀をしたりと、小さな新入生はたいへんです。

校長先生のお祝いの言葉が始まります。「ご入学おめでとうございます。元気に楽しい学校生活を送ってください……」という内容でしたが、新入生が一人ですので、話す方は目線が合って自然に「……してくださいね」というように一対一で話しかける口調になってしまうようです。

するとなんとその小さな新一年生がそれに返事をしたのです。

「ご入学おめでとうございます」『ありがとうございます』

「元気な声であいさつをしましょう」『はい！』

「自分で出来ることは自分でしましょう」『はい！』

大きな演壇の前に置かれた小さな椅子にひとり座った小さな女の子が、周りを保護者や先生や来賓といった大人や在校生のお兄さんお姉さんに囲まれたその中で、一つ一つていねいに『ありがとうございます』『はい！』と返事をするのです。こんなほほえましい入学式は初めてでした。

全校生徒一四名の小学校ですが、地域にとっては大事な大事な小学校です。さつき園にとっても、自分たちで一生懸命に作ったもち米をさつき園の園祭りを利用して販売し、園祭りを盛り上げてくれる子どもたちは大事な仲間です。これからも一四名の子どもたちと心のかよう交流が出来るよう、さつき園の利用者の持ち前の明るさと元気を力に、日々努力を重ねていこうと改めて思ったしだいです。

二月一七日（日）　そういう価値観を持ちたい

数年前から、「我が事」「丸ごと」を合言葉にして地域共生なる社会を実現しようという我が国の施策があります。

人は皆、誰でも長く生きていれば高齢者になります。だとすれば私たちが高齢者になる確率は一〇〇％です。だから、人は誰もが高齢者の道を歩きます。高齢者の道を歩くことは一〇〇％「我が事」です。それは決して「他人事」などではありません。だから、社会も関心を寄せ、政治も高齢者福祉に力を注ぐのです。

カーラジオから、「生涯の間に、私たち日本人の二人に一人はがんになる」（「国立がん研究センターがん対策情報センターによる推計値二〇〇七年」を参考にしているかと思われます）というCMが流れてきます。お聞きでしょうか。もしもそうだとすれば、私たちががんになる可能性は五〇％ということです。五〇％の確率で私たちはがんになるのです。この確率五〇％はあなたにとって「我が事」でしょうか。それとも「他人事」でしょうか。

知的障害者の発生頻度は人口の約二％だと言われています。それは海外の国々での調査データから推計した数字だといいます。但し、我が国ではこのことに関する悉皆調査のデータはなく、療育手帳所持者の人数を基にして在宅の知的障害者（児）を約九六万人（平成二八年調査）としています。施設入所者については平成二七年調査で約一二万人としており、合計約一

○八万人という推計値になっています。（参考 『障害保健福祉施策の動向』平成三〇年十一月
厚生労働省社会・援護局障害保健福祉部障害福祉課）

その海外での調査の数字をわが国に当てはめると、現在の我が国の日本人人口約一億二、六〇〇万人では知的障害者はおよそ二五二万人となります。この知的障害者の発生率が日本人人口の約二％だということは、あなたにとって果たして「我が事」でしょうか。それとも「他人事」でしょうか。すでに自分自身にとっては結果が出てしまっているので「我が事」にはなり得ないでしょうか。

国は「我が事」「丸ごと」と言い、「地域共生社会の実現に向けて」と言います。果たして、私たちの社会がこの二％を「我が事」とするまでには、この先、どれほどの時間を要するのでしょうか。

知的障害者の歩く道は誰もが歩く道ではありません。しかも、気がついたときはもう結果が出ていて、そこにいたいわけではないのに二％の側《がわ》にいさせられているのです。一方、自分自身が努力したわけでもなく、たまたま九八％の側にいるだけなのに、私たちはその人が二％の側にいるのは、それは本人の自己責任で、努力しなかった結果だと思ってはいないだろうか。では、あなたは九八％の側にいるためにどんな努力をしたのか。話はもうすっかり「他人事」になってしまって、おしまいです。

しかし、私たちは二％と九八％を足して初めて一〇〇％になるのです。二％があってこそ、

一〇〇%になるのです。みんなで助け合って一〇〇%になるのです。みんなで心を寄せ合って一〇〇%になるのです。そういう価値観を持ちたいと思います。

二月二五日（月）　抱っこ、その重さ

先日、所用で九州に行って来ました。

そこである障害児の施設を見学させていただきました。その時の案内の人の説明の言葉に驚いてしまいました。

「あの子は、望まれざる子として生まれてきたのですよ」

その事情はお聞きしましたが、ここには書けません。

四歳になるというその子は生まれ出るとすぐに母親から引き離されて、施設で育てられたということでした。誕生しても一切、母親たる人との触れ合いのないまま育てられてきているとのことです。だから、その子を産んだ母親たる人も、一度もその子のことは見ないままだというのです。

生まれても一度も母に抱かれたことも、その指さえ触ってもらえなかった子と、子を産んでもその腕に抱くことも頬すらも撫でてやることのできなかった母と。

驚いたままにその子の頭を見ると、その髪の毛は大半が抜け落ちていたのです。

「自分で自分の頭の毛を抜くんです。全部抜いてしまうんですよ。今でこそやっと後頭部には

髪の毛が生えてきていますが……」

　生まれてこの方、わずかな親の愛情さえもかけてもらえなかった子。男の子かと思っていたら、女の子でした。

「いっときはまつげも眉毛も全部抜いてしまっていました」

　生まれ出て、母親の愛情を知らずに生き、育ってきたその子。

　施設が、施設の職員が懸命に愛情を注いで育てているのです。そして、やっと意思表示が芽生え、意思のやり取りが何とかできるようになってきたとか。

　四歳にしては体は小さく、歩く時は少し右にかしいでトコトコ走るように歩きます。

　案内の方に説明を受けていた私の近くまで、女性職員に手を引かれたその子がやって来ました。私は右手を差し出して、

「握手！」と声をかけました。

　すると、握手の意味が分からなかったのか、その子は両腕を私に向けて差し出してきました。

　それに反応した私は思わず、その子を抱き上げました。

「わー、抱っこ、いいねー」と職員の声。

　右腕で抱っこすると、黒い大きな二つの目と今はきれいに生えそろった三日月の形をした二つの眉毛が目の前にあります。頭の毛は抜いたというより、むしり取ったといったようでした。

「まぁ、珍しい。男の人に抱っこされるのは嫌がって、抱っこさせたことはないんですけど

ねー」

その子から言葉は出ません。お互いに見つめ合ってしまっていました。するとその子の体に力が入ってきました。下りたいんだと思い、床に下ろすとトコトコと部屋の隅へ駆けていくようでした。

これからどんなことを感じ、どんなことを思い、どんなことを考えて人生を歩いて行くのだろう。母親や父親のことをどう思い、どう理解し、湧き上がる自分自身の命に、感情にどう決着をつけるのだろう。

望まれざる命。

何ということだ‼

私は、その子を抱き上げた時の私の右腕に残る、その重さの感触をいつまでも忘れないのです。

三月一四日（木）　座敷牢の記憶

もうすぐ新しい元号が発表され、平成も終わる。

昭和四〇年代後半から東京で学生ボランティアとして関わっていた社会福祉法人の団体に、昭和五〇年四月からはその組織の職員として障害児者福祉に携わり、その後、さつき園の職員として今日まで歩いて来た私の、忘れられない記憶から時代を振り返ってみる。

今思い出しても強烈な印象として残っているのは、東京から出かけて行った関東地方のある県での重症心身障害児者の巡回療育相談に、事務担当スタッフとして参加した時のことだ。その巡回療育相談は医師、看護婦（看護師）、ケースワーカー、そして地元の児童相談所の職員などで相談班を編成し、地方の障害児者のご家庭を訪問し、専門医による障害のお子さんの診察や専門スタッフへの療育相談を受ける、というものだ。

関東地方の某地方都市のあるご家庭を訪問した時、私はそれを初めて見た。見た瞬間、「これは座敷牢か……」と思わず息をのんだ。

その部屋は薄暗く、目を凝らすと部屋の中には太い柱があり、そこに繋がれた紐の先には、今でいう強度行動障害と思われる成人男性が腰のあたりを括られて、座っていた。部屋は臭かった。唸るような声が響いていた。

当時は、障害の子がいる家庭では「我が家にはそんな子はいない」と世間を憚り、子の存在を圧し隠す時代だった。

あれから時が経ち、時代は変わり、行政を司る措置権者が一方的に障害の子の処遇（当時はそう言っていた）について決定していた措置制度は平成一五年からは支援費制度となり、今や障害者総合支援法のもと、障害福祉サービスを受ける側と提供する側は対等であり、障害福祉サービスの利用は本人の人権と意思を尊重した契約に基づくものとなった。

昭和四〇年代以降、全国各地で障害者の収容施設（当時の呼び方。現在では入所施設と言う）が建てられていく。が、私たちの社会は障害者を受け入れることを拒み、彼らを人里離れた所に建てられた収容施設へと追いやった。ところが、彼らをそうした入所施設に追いやっておきながら、私たちの社会には「入所施設は障害者の人権を無視しているから解体せよ」と、声高に叫ぶ時代があったのだ。

私たちの社会には障害者への根深い偏見と差別がある。それは、平成の世になって少しはなくなってきただろうか。障害者福祉への社会の理解は進んできているだろうか。

国は「我が事・丸ごと」と言って地域共生社会の実現を目指しているが、障害者福祉はこの社会ではまだまだ「他人事」なのだ。

もうすぐ新しい元号の時代が始まる。

果たして、私たちは、私たちの社会は、障害者を受け入れ、その命と人生を解放する時代を創造することができるだろうか。座敷牢の記憶は今も生々しい。

三月二五日（月）　昭和の長嶋、平成のイチロー

大リーガーのイチローが引退を決めました。

本気で「五〇歳まで現役を続けたい」と言っていたようですが、さすがのイチローも四五歳でのこの一年間の実戦のブランクは応えたようです。引退表明した時のインタビューで、本人も残念がっていましたが、最後となった出場試合でもヒットを打つことができませんでした。

私たちにはマスメディアを通してしか見聞きすることのできないイチローの人生です。いつも、どこか醒めたように感じさせるイチローの言動。いったいどこまでが素のイチローなのか。素のイチローは誰にも見せないのか。などなどをあれこれ詮索しても、それは詮ないこと。私たちは、素直に、イチローがそう望んだように、マスメディアの中のイチローを受け入れるのがいいのです。

様々なプロ野球記録、大リーグ記録を塗り替えてきたイチロー。

そのイチローの才能がこれほどまでに開花したのは、むろん本人の手を抜かぬ日々の努力があったからでしょう。そして野球への深い愛があり、どこまでも野球が好きだったからでしょう。しかし、若き日のイチローに豊かな才能と可能性を感じ、それをまっすぐに開花させる道を用意した人があったからこその、今のイチローなのです。

仰木《おおぎ》彬《あきら》。もとプロ野球オリックス・ブルーウェーブ監督。彼こそが、イチローにとって、若き日の自意識過剰で自信家だった彼に、その才能と可能性を認めた運命の人ともいうべき人です。仰木との、監督と選手としての関係がなかったら、イチローはどこにでもいるような、自信過剰で、青臭い、はねっ返りの若造のままで埋もれてしまっていたかもしれないのです。二人のそういう出会いに、私たちは感謝したいと思います。

多くのプロ野球ファンは「ミスター」と言えば、長嶋茂雄のことだと知っています。

そのミスタープロ野球が脳梗塞後のリハビリに励んでいる頃の、テレビのインタビュー番組

（二〇一五年一二月二五日放送　NHK　インタビュアーは有働由美子アナウンサー）の中でこんな話をしています。

……。サードはゴロの捕り方が一五種類あります。お客に見せるためのプレーを心がけていました。ゴロを処理する時のあの投球ホームは歌舞伎の所作から学びました。ヘルメットも大きめのものをかぶっていました。バットスイングの音は「ブーン」ではダメ、「サッ、サッ、サッ」と聞こえるように振らなくちゃー。だから暗闇で振るんです。努力しているところは人には見せません。でも今は、リハビリを頑張っているところを見せます。脳梗塞の人が全国で二〇〇万人いるそうですが、その人たちの励みになると思うので見せたいのです。

そして、有働アナウンサーからのこのインタビューでの最後の質問。

「これからの夢は何ですか？」

その問いへのミスタープロ野球、長嶋茂雄の答え。

「走りたいですねー……」

心底、野球を愛した、長嶋とイチロー。

昭和の長嶋と平成のイチロー。私たちの時代にあって、二人の存在は誠にうれしい限りです。

平成三一年度（令和元年度）

四月一日（月）　発表　新元号「令和《れいわ》」

平成に代わる新しい元号が『令和』だということを車での移動中に知った。この言葉の出典が万葉集からなのが、なかなかいい感じだと思った。

「令」の字は、日頃は「命令」や「指令」の「令」でよく目にするので、「令嬢」などの時の「令」のもつ意味にはあまり馴染みがない。だから、「令和」の文字を見た時には一瞬、どきりとした。

「和」は私たち日本人の多くが好む字だと思う。字の形としても落ち着きがいい。しかし、「令」の字はどこか落ち着きが悪い。字の形が不安定に思われるためか。

しかしながら、「令和」には私たちの新元号への予想を超えた、斬新で新鮮な感じがある。

「令和」と決まるまでの経緯を明らかにしてほしい、と早くも政権に注文をつけている評論家、あるいはマスコミ関係者がいるが、今は新元号についての自分自身の思いや感想をよーく確認しておくのがいい。私たちの人生で何度も体験することではないのだから。

人々の感想を見聞きする前に、その時自分はどう感じたのか、自分はどう思ったのか、を心に留めておくことは、事象や物事について考えるどんな場合でも大事なことだ。

まず、自分自身はどう実感したのか。思想はそこから始まる。心身がそのことに馴染んでからでは遅い。

三〇年前、「昭和」に代わる新元号が「平成《へいせい》」と知った時、私は「平成？　何かしっくりこないなあ」と口にしたことを思い出す。

「平成」はどんな時代だったろうか。

「令和」の時代はどんな時代になるだろうか。

銀《しろかね》も　金《くがね》も玉も　何せむに
まされる宝　子にしかめやも
（山上憶良　万葉集第五巻）

とりわけ、幼いものたちにとって伸びやかで、人間の情愛に満ちた時代であって欲しいと思う。

四月一〇日（水）　編み物

〇〇さんが編み物を始めたそうです。〇〇さんはさつき園のグループホームで生活しています。

「編み物するんじゃねー。知らんかったよ」と言ったら、

「世話人に教えてもろうたんです」と、うれしそうに答えてくれました。

「今度、編んだ物を見せてや」と言うと、恥ずかしそうに、

「まだ下手じゃけー、見せられん」と言います。

「始めたばっかりじゃけー、下手なんはしょうがないよねー。ええけー、持って来んさい。見せて欲しいけー」

数日して、さつき園のお昼休みに園長室にやって来て、編んだ物を恥ずかしそうに差し出す○○さん。

「おー、これかね。編み具合はどうかいの」と、手に取ってみる私。毛糸の色は薄茶色で測ってみると、幅が一五cm、長さが二八cmありました。

「まだ、この辺がダメなんです」と、網目が揃っていない個所をいくつか指差して教えてくれます。

「むー、この辺はまだちゃんと編めてないねぇ。じゃが、ホームで一人の時にすることがあって、よかったじゃないかね」

「うん」

「『うん』じゃない。返事は『はい』じゃろー」

「あっ。はい。よかったです。前はグループホームで一人の時はすることがなかったんじゃけど、今は編み物があって、うれしいです」

「うまく編めるようになったら、誰かにプレゼントしてあげたらえーじゃ」

「うん。いや、はい。でも、まだ下手くそじゃけー」

そう言いながらも、うれしそうな◯◯さん。

自分に非がないときでも、「ごめんなさい、私が悪かったんです。私のせいです」と、いつも他の利用者や職員に謝るのが口癖のようになっている◯◯さん。集中できるものができて、生活にも張りが出てきたように感じました。

また、数日しての今週の月曜日。見せてくれた編み物は幅が一五cm、長さが何と一一四cmにもなっていました。

「なかなかよう頑張っちょるねー。長く編んじょるが、どこまで編むんかね」

「初めて編んだけー、マフラーか何かにしようと思います」

「おー、ええねー」

まだまだ、編みむらがありますが、◯◯さんの生活に張りを持たせてくれた編み物。よくぞ世話人が思い立って◯◯さんに編み物を教えたくれたことよ、と私もすこぶるうれしくなっています。編み物は一人でもできるし、しかも集中するし、編んだら充実感や達成感も味わえるし、そして完成したら誰かにプレゼントすることもできるのです。

◯◯さんに編み物を教えてみようと思い立って、辛抱強く教えたグループホームの世話人に感謝、感謝です。

まったくの余談ですが、まだ私が高校生か大学生だった頃、近くに置いてあったある雑誌の表紙に「棒針編」と書かれていたのを「ぼうしんへん」と読んでしまったことがありました。

小説や映画によくつけられている「青春編」とか「望郷編」などといった表現と似たものなのかと、勘違いしたのです。それは「ぼうばりあみ」と読むのが正解でした。妹が大笑いしながら教えてくれたのです。編み物に全く関心がなかった私の、今でも編み物の話題になると内心一人で笑ってしまう、半世紀近く前の忘れ得ぬ思い出です。

四月二五日（木）　物の見方、人の見方

例えば、円運動を繰り返す物体があるとします。例えば、それは○○遊園地の観覧車。夜。その観覧車の数あるボックスの中の一つだけに明かりを灯すとします。

その時、遠くから、しかも真横からその観覧車を見ている人には、正面から見ている人には円運動に見える観覧車のボックスの明かりが、上下運動をしているように見えるはずです。また、観覧車を斜めから見ている人には、明かりはあたかも楕円運動をしているように見えるはずです。

遊園地の観覧車は円運動をしていることを知っている人にはそれらのことはすぐに理解できます。しかし、観覧車という遊園地にある乗り物など見たことも乗ったこともない人が、遠く、真横あるいは斜めの方向からしかその明かりが見えない所にいたとしたら、その明かりは円運動ではなく上下運動、あるいは楕円運動をしているようにしか見えないはずです。

物を見るとき、人を見るとき、常にある一定の方向からしか見ていないとすると、物の見方、

人の見方は知らず知らずのうちに偏ってしまい、それらの物や人の総体を見誤るものと思います。

物や人の総体を見誤らないためには、己の五感を駆使して、その物や人に触れるのが一番です。自分自身を信じることも大事だけれど、しかし自分自身の思考を一旦解放し、再構築することも大事なことと痛感します。

五月一五日（水）　頑張れ！　〇〇！

プロ野球を観戦するのが好きだ。山口県の東部に住んでいてプロ野球観戦するには福岡か広島だ。しかし、なかなか球場にまで足を運んで観戦することがままならないので、必然的にテレビ観戦が日常となる。

密かに応援している選手がいる。〇〇。名前は明かさない。ちょっと恥ずかしい気がするから。彼は高校時代に甲子園でそこそこの活躍をしている。が、その当時のことはよく知らない。だから、つい二～三年前までは彼にどれほどの関心も持つことはなかった。

それがここ三年くらい前から、やたら関心を持つようになっている。どうしてそんなことになったのか、その理由が私にもよく分からない。

シーズン中は一軍と二軍を行ったり来たりしている。一軍で出場しても大概は試合後半での代打か守備だ。しかも、代打で出ても打てない。三振か内野ゴロばかりで打率は悲惨な数字だ。

守備は内野が多いが、送球に難がある。

でも、応援している。頑張れ！　〇〇！

どうして彼のことが気になるのか、自分にもよく分からない。バッターボックスでバットを構える彼を見ると、何だかいつも気負ってしまって気持ちばかりが先行して、体と技術が伴っていないように思う。大雑把に言えば、プロ生活も結構長いのにまだ未熟ということなのかもしれない。でも、そうは言っても、とにかく一軍の試合に出て、どんな形でもいいからヒットになる一打を期待している。まるで親バカのようだ。

数字がすべての世界で、その数字が残せないことほど辛いことはない、と思う。

〇〇よ。君は今夜の試合には出るだろうか。

頑張れ！　〇〇！

おとがいを上げて、しっかり前を見ろ！

五月一九日（日）　薬の話

先日の木曜日の昼給食の時のことです。

利用者も職員もそろそろ食事（その日はちらし寿司でした）を終えそうになっている頃。私の向かいの席の〇〇さんが、

「薬を飲まんといけんのんよ」と、自分のトレイの上に置いてあった漢方薬の小袋を摘まみな

がら言います。

それを聞いて、

「薬はちゃんと飲んでよね」と言う私に、

「うん。薬がようけあるけぇ、忘れたらいけんのんよ」と答える○○さん。

その時、○○さんの隣の席の□□さんが、

「こないだまで、私も薬がいろいろあったんじゃけど、今はもうなくなったんよ」と言いました。

すると、○○さんがちょっと得意気にこう言ったのです。

「あー、そうなんかね。うちゃーねー、まだ薬がたくさんあるけーええんよ」

「!?」私は思わず箸を止めて、○○さんの顔を見てしまいました。

「あのねー……」と言いかけて、言葉を飲み込んだ私。

隣りの□□さんもチラッと○○さんの顔を見ましたが、「ごちそうさまでした」と小さく言って、席を立って、自分のトレイを下げて行きました。

毎日たくさんの荷物を抱えて、さつき園にやって来る○○さん。○○さんにしてみれば、薬に限らず、物は何でもたくさんあった方がいいのでしょうかねぇー。

「苦い、苦い」と言いながらも、○○さんはどこかうれしそうにちゃんと薬を飲んでいました。

五月二二日（水）　九州生まれ

その日の朝。通所して来た○○さんが園長室に顔をのぞかせました。

「園長、おはようございます」

「おー、おはようございます」

見ると、髪の毛がボサボサになってしまっています。

「○○さん。髪の毛がボサボサになっちょるよ。鏡を見て来てみんさい」と言うと、困った顔をする○○さん。

「今日は風が強いことはなかろう。朝、鏡を見て髪をちゃんと捌《さば》いて来たんかね」と言うと、すかさず、

「捌いてってどういう意味ですか」と、○○さんが不審そうな表情で聞いてきます。

「えっ？　捌くっちゅうのは、くしゃくしゃになっちょる髪の毛を、くしかブラシできれいに揃えることよ」

と、そこに、たまたま朝のあいさつをしに来て、園長室に顔を出した□□さん。○○さんとの会話が聞こえていたのか、

「園長さん、それは梳《と》かすということですか」と聞いてきます。

「おー、そうそう。髪を梳かすっちゅうて言うのー。そうそう、そういうことよ」

「園長さん、捌くのは魚じゃないですか」と、□□さんが両手で上手に包丁で魚を捌く真似をします。

「そうよ。魚も捌くちゅうて言うが、髪の毛も捌くっちゅうて言わんのかいのー」と私。

ところが、すかさず、

「はい。言いません。聞いたことがないです」と□□さんにきっぱり否定されてしまいました。

そんなこんなの、その日もいつものようなさつき園の朝の園長室でした。が、二人が園長室を出て行ったあと、気になってネットで検索してみると、何と「髪を捌く」という言い方は、詳しいことは分かりませんが、標準語ではないようで、どうも九州地方、特に佐賀県、福岡県大牟田市、長崎県などでの言い方のようでした。なるほど……。

ちなみに、私は大牟田市の近くの瀬高町（現みやま市）で生まれて、小学一年の二学期最初までその町で暮らしていました。お隣りは柳川市です。

皆さんは「髪を捌く」とは言いませんか。三つ子の魂百まで、と言えば、言い過ぎでしょうか。幼い頃に自然に覚えた言葉はいくつになっても自然に口をついて出るようです。

思わぬ時に思わぬことで、九州生まれを実感させられた朝でした。

六月一二日（水）　煽る心理

ほぼ毎日、必要に迫られて車を運転します。そして、ほぼ毎日、一台か二台の後続車に煽られています。多いときには三台も四台もの時もあります。どうも、以前に比べて、といっても一〇年も前ではないような気がしますが、煽られる頻度がこのところ増してきているように感じます。朝も夜も、です。

相手は煽っているつもりはないのでしょうか。しかし、車間距離を極端に短くとる車に後をついて来られると、うんざりします。だから、私は反対車線の車の流れを見て、追い越しをかけさせるのに十分な場合はすぐに車を左に寄せて、後続車に道を譲ります。人によっては、意地でも前に行かせないという人もいるようですが、私はそんな気持ちになったことがありません。先に行きたければどうぞ、といったところです。

車でなくても、煽る人がいます。ある人の行動をいかにも支持しているようなことを言っていますが、その実、自分の利益のためにそのことをその人にやってもらおうとしているのです。おためごかし、と似ています。集団を煽り、世間を煽り、個人を煽り、危機感を煽り、その場の空気を煽るのです。

利用者にもそういうことに長けた人がいます。聞いていると、なんだかいじらしくなってきます。自分の思いをまっすぐに言い出せなくて、人を煽るような言動をすることで自分の思いを遂げていこうとしているのです。

「そうよそうよ。それがええよ。そうしんさい」

そんな利用者は、何故、自分の思いや気持ちをまっすぐに言えなくなってしまったのでしょうか。私たちの知らないところで、私たちの知らないときに、世間のいろんな人たちから何度となく心が挫けることを強いられてしまった結果なのでしょうか。

人を煽る心理には、どこか悲しい物語があるように思えて仕方ありません。

六月二五日（火）　ときも風もやさしく流れます

山口県では今年の梅雨入りが例年になく遅れています。

そんな気候の昨今。今日のさつき園にはときも風もやさしく流れます。

午前の作業時間です。

さつき園の玄関に立つと、どこまでも青く晴れた空に真っ白い雲。そして、涼しい風が吹き抜けていきます。

園の前に大きく広がる水田の、そのあぜ道を散歩する利用者とつき添う職員が遠くに見えます。時折、水田を覗き込む利用者の体を、職員が水田にはまらぬように後ろから支える様子が見えます。あぜ道を行ったり来たり。毎日の日課の散歩です。

作業室は静かです。今日は二四、五人が園内で、それぞれの作業別に数ヵ所の部屋に分かれて作業をしています。

静かです。聞こえるのは、牛乳パックを切り開くはさみの音と、膨らましたゴム風船の表面に小さくちぎった新聞紙の破片をお手製のノリで貼っていく作業の、新聞紙の破片を手に取る時のカサカサという音や、隣りの部屋の古着の裁断機のモーターの低く小さく唸る音くらいです。

静かなのは、作業する利用者が集中している証拠です。この季節としては珍しく乾燥した涼しい風が、開け放った作業室の窓から窓へ、やさしく静かに吹き抜けています。

私と目が合うと、笑顔になって軽くお辞儀をする利用者もいます。また、口に人差し指を当てて、「お静かに」とサインを送る利用者もいます。利用者に声掛けをする私の声が邪魔のようです。あわてて、片手をあげて「申し訳ない」とお辞儀をします。

作業台に向かってはいるものの、自分の内部に集中している利用者もいます。

利用者は皆、自分の中に流れる時間を大事にしています。職員は一緒に作業しながら、表面には表れないけれど、全身でしっかり支援をしています。だから、利用者と職員が創造する時間と空間がそこに静かに流れるのです。

遅い梅雨入りのお陰で、今日、さつき園にはときも風もやさしく流れる、心身が落ち着き、気持ちが伸びやかになる時間と空間がありました。

七月八日（月）　検証すべきは何か

二〇一六（平成二八）年七月二六日に起きた相模原障害者殺傷事件から三年が経とうとしています。その間、事件のあった施設は解体されました。入所していた利用者の新しい暮らしの場所は、本人たちの思い通りになるのでしょうか。そうした懸念をずっと抱いていました。

最近、この事件における当該施設の責任を問おうとする動きがあるのを知りました。それは、施設には「障害者の人生を引き受ける職員を育てることにどう取り組んできたのか」について責任があるというのです。

どういうつもりでしょうか。「福祉の理想主義たる原点に立ち返り、この事件の本質的検証を試みる場にしたいと考えます」と、その集まりの主意文は結んであります。

あり得ません。検証すべきは何か。社会の中にある障害者への、殊に知的障害者への偏見や差別意識の連鎖こそを検証すべきと思います。社会は、知的障害者についてよく知ることもなく、ましてや自ら知ろうともせず、口頭や文章や映像による、いわば間接的な伝聞情報を基にした自身の思い込みによって作り上げた知的障害者像を知的障害者の実像だと思っています。

社会にはびこっているそういった無意識のバイアスがかかった知的障害者像。また、知的障害者とはこんな人たちだ、と社会が勝手に抱く、根深いステレオタイプのイメージや先入観。どうして私たちの社会にこうした意識や観念がはびこるようになったのか。

検証すべきは施設の在り方や取り組みといった短い射程距離の検証ではなく、遥かな遠い過去から今に続く私たちの社会の長い歴史と人間の生活を視野に入れた、射程距離の長い検証こそが「本質的検証」に近づくものと思います。

七月一二日（金）　七夕の願い

さつき園でも毎年、七夕の季節になると、笹の葉に利用者の願いを込めた短冊を下げて、玄関ロビーに飾ります。字の書ける人は自分で、書けない人は職員と相談して願いを書いてもらいます。

今日、利用者がそれぞれの作業に取り組んでいる時、その短冊一つひとつを手に取って読ませてもらいました。

願いは様々です。「作業がもっと上手になりたいです」とか、「父親の病気がいつものように治りますように」とか、「○○をがんばります」などなど。作業のこと、家族のこと、自分のこと……。いろいろです。書かれた文字を見ると誰が書いたのかすぐ分かるのもあります。

そんな中、読んで思わず「むー」と唸ってしまった、心に沁みる願いが書かれた短冊がありました。

「あしがなおりますように　○○○○」

七○歳を超えている○○さん。以前、お腹を手術したことがあります。その後、歩幅が狭くなっていき、単独では歩行がうまくできなくなってしまいました。今は移動する時には必ず高齢者用の歩行器（シルバーカー）を使用しています。椅子に座ったり、椅子から立ち上がったりする時はゆっくり時間をかけます。

○○さんは以前はよくほかの利用者とも話をしていました。そして、よく笑ってもいました。しかし、ここ数年は、自分から口を開くことはあまりないように思います。いつも黙って静かに自分の作業に向かっています。

そんな○○さんと私は食堂の席が隣り同士です。なので、○○さんの昼食の様子や食欲の加減はよく分かります。食欲は大丈夫。時間はかかりますが、しっかり全部食べています。

「あしがなおりますように　○○○○」

年齢を重ねてきて、体が以前のように十分に動かせなくなった○○さん。日頃、自ら語ることもなくなった○○さん。淡々としているようにも思えた○○さん。でも、やっぱり、内心では足が治ることを願っていたのですね。

みんなが帰ったあとの静かなさつき園で、私は笹に飾られた利用者一人ひとりの願いのこもった短冊をしばらく見上げていました。

七月三一日（水）日々の小さな努力を重ねる、ということ

神奈川県相模原市の知的障害者支援（施設入所支援）施設「津久井やまゆり園」で起きた障害者殺傷事件から三年が経ちました。

先日、七月二二日には同市内で追悼式が行われましたが、報道によると、事件を起こした被告はいまだに「不幸をつくる障害者はいらない」「意思疎通のできない障害者はいらない」「世

の中の役に立たない障害者はいらない」などと、その主張を続けているとのことです。

人間の存在に関するこのような価値観は、程度の差こそあれ、私たちの意識の深いところにはびこっているのだという思いを、私は払拭できずにいます。

しかし、そうした私たちの内に無意識にはびこる価値観は覆されねばなりません。

専門家と呼ばれる人たちがテレビでラジオで新聞で、そしてネットで様々に、例えば生産性や合理性ばかりを追求する行き過ぎた経済主義を見直す必要を説き、また障害者が受け入れられるように地域の環境作りに重点を置くべきと主張し、健常者と障害者が触れ合う機会を増やし積み重ねていくことが共生社会の実現に向けた一歩となる……などと発信しています。

けれども、いったい誰がそれらを実現するための実践につなげて行くのでしょうか。

それは、そう主張する専門家と呼ばれる人たちが率先垂範することは勿論、他の誰でもない、私たちこそが、私たちのあとに続く者たちの遥かな未来に向かって、日々の小さな努力を重ねることだと思います。その日々の小さな努力を重ねることが私たちの無意識の奥深くにはびこる、そしてこの社会の裏側にはびこる差別と偏見から、障害者と呼ばれる人たちの命と人生を解放するものと思います。

しかし、果たしてその時、私たちは私たちのあとに続く者たちの遥かな未来に向かって、いったい、何を、どうすればいいのでしょうか。どんな日々の小さな努力をすればいいのでしょうか。ことはいつでも、「べき論」があちらこちらに蔓延するだけで、それらは私たちの日々の小さな努力という行動にさえ転化されることもなく、時間とともに雲散霧消していくばかりです。

社会の差別と偏見から障害者と呼ばれる人たちの命と人生を解放する命題は、こうした「べき論」に煽られたまま、私たちの具体的な行動として転化されることもなく、いつしか先送りされているのです。

八月一四日（水）「もし、私が彼だったとしたら」

出勤の支度をしながら朝のテレビニュース（NHK）を見ていたら、第二次世界大戦中にミャンマーで戦死した日本兵の遺骨収集のための調査に、民間人の立場で携わっているという男性を紹介していました。

もともと僧侶だったその人は、現地ミャンマーの人たちに農業技術の指導もしていて、その恩返しとして、現地の人たちから戦死した日本兵の埋葬場所などに関する情報が寄せられるようになったとのことでした。そんなことなどがきっかけでその男性は現地の人たちの協力を得て、日本兵の遺骨調査をするようになりました。日本人らしき人骨の情報を得ると、遺骨の調査のために現場に行き、試掘し、その場所を特定するのです。その後の遺骨の収集作業や、DNA鑑定などによる身元の特定は国の機関が行うことになるそうですが、それには現地の国内情勢の安定が鍵とのこと。

ミャンマーは政府軍と少数民族武装勢力との内戦が続いており、遺骨の情報が得られても、それがたとえ停戦期間中であっても、道路によっては外国人の立ち入りは制限されています。

そんな時は特別に人を頼んで現地まで立ち入ってもらうようです。

ニュースを見ていて、湧いてくる疑問がありました。

どうしてその男性は日本兵の遺骨調査をそうまでしてやるのか。その男性を突き動かしているのはいったい何なのか。

と、ニュースの中のその男性の言葉。

「もし、私が彼（遺骨）だったとしたら、きっと日本に帰りたいと思いますよ」


もし、自分が逆の立場だったとしたら……

もし、私が彼だったとしたら……。

もし、私が彼女だったとしたら……。

もし、私があの人だったとしたら……。

もし、私があなただったとしたら……。

もし、私が障害者だったとしたら……。

もし、私が知的障害者だったとしたら……。

もし、私がさつき園の利用者だったとしたら……。

「もし、私が彼（遺骨）だったとしたら、日本に帰りたいと思いますよ」

この感性、この想像力、この人間観を持ちたいと思います。

この男性（井本勝幸さん）のような人がこの世界、この時代に在ることがうれしい。

私は、この感性、この想像力、この人間観こそが福祉の原点と思うのです。

八月二〇日（火）　テレビ大好き人間

とにかくテレビが好き。休日は時間があれば何時間でもテレビを見ている。一つの番組が終わると、受信できるテレビ局の番組を全部チェックして回り、その中で一番面白いと思われる番組を見る。新聞のテレビ欄は大雑把だけど受信できる全局を一応チェックする。

そんな私の最近の一推しのテレビCMは、

『やる気MAX！　〇〇〇〇！　はじまる』

あの天下のイチローが広告出演している〇〇〇〇のCMだ。

そのあらましはこんな調子だ。

〇〇〇〇の社内会議に出席したイチローがCMの出演だけでなく、キャッチコピーも考えてきた、という設定。

イチローがキャッチコピーを書いたペーパーを背広の内ポケットから取り出し、出席者に披露する。

「やる気ＭＡＸ！　〇〇〇〇〇！」

すると、会議に出席している全員がイチローに気をつかって、「ほお〜」と感心してみせるが、会議に出席している一人の若い女子社員がひと言突っ込みを入れる。

「なんかベタすぎませんか。正直、ビミョーって……」

それを聞いて、社長らしき人物が「いやいや、覚えやすいし……」とフォローするつもりで、少しあわてたようにイチローに歩み寄り、「やる気……」と言ってはみたものの、次のフレーズが出てこない。

なので、イチローは渋い表情をして「ＭＡＸ！　〇〇〇〇〇！」と念を押すように続ける。

その女性社員は「いやー、覚えてないしー」とそのキャッチコピーに不満気味。

その時、『やる気ＭＡＸ！　〇〇〇〇〇！　はじまる』のナレーション。

女子社員は情けないという表情をして、テーブルに覆いかぶさるように前のめりになりながら呟く。

「まじか〜」

何がいいって、イチローのその時その時の表情がいい。

キャッチコピーを披露した時の得意げな表情。

若い女性社員に突っ込みを入れられた時のムッとした表情。

ナレーションが流れた後の、「どうですか」とでも言うように、若い女性社員に見せたニヤリとした表情。

現役を引退したイチロー。現役の時のテレビの中でしか知らないイチローの印象とのギャップが私は楽しい。

そして何と言っても、若い女性社員を演ずる彼女の、突っ込みや呟く時の表情がいい。

「なんかベタすぎませんか。正直、ビミョーって……」

「いやー、覚えてないしー」

そして最後の、「まじか〜」

もう言うことなしだ。設定もセリフも役者（？）も、だ。

テレビチャンネルをあちこち渡り歩くテレビ大好き人間は、わずか十数秒の間に流れる、こんなテレビCMにもあれこれイチャモンや突っ込みや関心を寄せてしまうのです。

九月二日（月）　口頭伝聞の拡散は誤解を生む

東日本大震災の時の福島原発事故による食物汚染のうわさ。

今や世界中で蔓延するSNSによる誹謗、中傷。

連綿と続く障害者に対する差別、偏見。

ことの実体も現場も現物も確認することもなく、ましてや当の本人にすら会ってもいないのに、あたかも見て来たような、あるいはもっともらしい口ぶりで、無意識、無自覚の内に他人を事実から遠ざける私たち。

今、福島はどうか。

今、子どもたちはどうか。若者たちはどうか。

今、障害者はどうか。

悪意とまではいわないが、ある偏った観念の下に吐かれた言葉が、長く修正、訂正されることのないままに、時にはその標的となった人の人生が終わってもなお、またその事実がなくなってしまったあともなお、まるでそれが現実であったように私たちの中で誤解されたままであることもあろう。

子どもたちはそのことに耐え切れず、命を絶つ。

そして、障害者の人生はいつまで経っても、差別と偏見の中だ。

だから、自分が誤解されないために、自分の意見や思いはできるだけ文章にしておくことだという。

ある時のある人との電話で、その人はしみじみそう言った。

「口頭伝聞の拡散は、誤解を生むことが多いからね。だから、できるだけ書きものにして伝え、残しておくのが賢明だよ」「その場で消えていく言葉で事の説明や、自分の意見を述べても、まともに理解してくれる人は何人いるだろうか」「聞く人にバイアスがかかっていれば、なおさらだよ」「人は自分に合ったようにしか理解しないのだから」

国家の情報から個人の情報まで、瞬く間に世界に広がる時代。私たちに常に情報拡散の危険がつきまとう時代。流れ出たら最後、誰にも止められない、という時代。そしてその情報の真偽は誰にも分からない、という時代。それが私たちの今。

九月二一日（土）　もうすぐ誕生日

土曜通所日の今日。

朝の利用者送迎便がそれぞれ利用者を乗せて、さつき園に戻って来ます。すると、徐々にさつき園内が賑やかになってきます。土曜通所日なのでいつもの半数ほどの利用者ですが、玄関ロビーや中庭では利用者同士の賑やかな会話が響きます。

そんな中、開けている園長室のドアぐち辺りから、◯◯さんの声が聞こえてきました。

振り向くと、

「おめでとうございます！」「もうすぐ誕生日。園長さん、おめでとう！」「お花をどうぞ！」と言いながら、笑顔の◯◯さんが花束を差し出します。花束はお手製で、新聞のチラシで束ねたブーケのようでした。

「えっ？　あっ、そうよ。もうすぐ園長の誕生日じゃのぉー。誕生日のお祝いかね。そりゃぁーありがとう！」

　握手して、〇〇さんから花束を受け取ります。

　深い赤と明るい黄色とつましい白の花びらがたくさんの緑の葉に囲まれています。その色合いはなかなかの組み合わせです。今朝、自宅の花壇に咲いている花を摘んで持って来たのだそうです。しかし、残念ながら、そういった花や草などに疎い私にはその花々の名前は言えません。

　束ねるのに苦労したのでしょうか。チラシはしわくちゃです。束ねた先は輪ゴムで縛ってあります。

「まぁー、ありがとう！　よー知っとったねー」

「うん！」

「うんじゃない。返事ははいじゃ」

「あっ、はい。いつも知ってますよ」

「いつも？　そうかね、いつも知っちょるかね。えらいのぉー」

「はい。園長さん。園長さん、体に気をつけてこれからも頑張ってください！」

「はい、頑張ります！」「きれいな花をありがとうね。園長室に飾っちょくけぇーね」

「はい。じゃぁー頑張ってねー」

　少し背中が丸くなってしまった〇〇さんが手を振りながら、園長室を出ていきます。

さっそく、ごった返している園長室の書類や荷物の中から長めのガラスのコップを探し出して、水を入れて、応接のテーブルに飾りました。

すると、お昼の休憩時間には、園長室に顔を覗かせた□□さんが、

「あっ、きれいな花じゃねー」と笑顔で声をかけてくれました。

「もうすぐ園長の誕生日じゃけー、今朝、○○さんがプレゼントしてくれたんよぉー」

「あー、そうですかぁー。それはよかったですねぇー。きれいな花じゃねぇー」

いつもおっとりした受け答えの□□さん。それが今日はいつも以上にか、うれしく感じられます。

もういい歳（何歳!?）なので誕生日はスルーしてしまいたい心持ちですが、こんなふうにお祝いされたり、言葉をかけてもらったりすると、何だかじわりと心の奥のほうがうれしくなってきます。

利用者の人生と私の人生が交差する瞬間です。

もうすぐ誕生日。今日は思いがけない一日となりました。

一〇月四日（金）　アニメ映画「風の谷のナウシカ」

このアニメ映画が封切られた頃、私は東京にいたのだろうと思う。今は建て替わってしまったが、当時のＪＲ渋谷駅東口にあった東急文化会館の壁面に、映画上映を宣伝する大きな懸垂

幕が長く垂れ下がっていたのを、渋谷駅から文化会館に通じる通路を歩きながら見た記憶がある。「風の谷のナウシカ……？」「ナウシカ？　ちょっと変わった名前だなぁ」と思ったことを今でも覚えている。「ナウシカ」という名前は私に不思議なインパクトを与えていたのかもしれない。

ナウシカ　腐海《ふかい》　王蟲《おーむ》　瘴気《しょうき》　ユパ　ガンシップ　風《かぜ》の谷《たに》　巨神兵《きょしんへい》……

その者　青き衣をまとい　金色の野に　降り立つべし……

長い長い国家間で繰り返される激しい戦争。人類同士の勢力抗争。それらによって破壊し尽くされた科学文明と自然。その結果、汚染されてしまった自然の中に出現した、異形の生き物たち。その放つ瘴気は人間を死に追いやる。そうした終末世界にあって人類と自然の再生を求め、悲しみと苦しみの中、敢然として起ち上がる少女ナウシカ。

監督宮崎駿の執念の一作。その時の、宮崎駿のその警鐘はいったい誰かの耳に届いたのであろうか。

三五年前、宮崎駿は「腐海」や「王蟲」、「瘴気」や「巨神兵」などを駆使して警鐘を鳴らし、少女「ナウシカ」を登場させて、人類と自然の再生を試みようとしたのだ。

地球温暖化が地球の自然と人類の未来を破壊する、と多くの科学者が警鐘を鳴らす現在。近年の地球規模の異常気象の報道をたびたび見聞きするにつけ、近い将来、地球温暖化が確実に自然破壊をもたらすことは誤魔化しようがない、否定しようがない、と緊張する私たち。

経済成長と自然再生。国家エゴと自然再生。果たして、この世界の振り子はいったいどこで止まるのだろうか。

アニメ映画「風の谷のナウシカ」には原作の漫画がある。長編だ。

この三五年間で何度かテレビで上映されたアニメ映画「風の谷のナウシカ」。それを見るたびに私は「ナウシカ」に密かに声援を送る。巨神兵を動かし、国家エゴをむき出しにして向かってくる者たちに対峙するナウシカ。メーヴェ（ジェット式小型グライダー）を操り、己の身を犠牲にしてまでも戦うナウシカ。そして、

「その者　青き衣をまとい　金色の野に　降り立つべし……」の言葉が、その映像とともに印象的に残る。

宮崎駿は多くの作品を作っている。彼の作品の中では、他のどんな作品より何より私はこの「風の谷のナウシカ」を推す。

「風の谷のナウシカ」の歌舞伎化が近々予定されている、との数日前の報道に触発されて、私のこのアニメ映画への思いを書き綴ってみた。

一〇月二〇日（日）　自然を受け入れるということ

私たちは目の前に起こる自然現象について、時に「自然の恩恵」とか「自然の恵み」などと言ってみたり、あるいは時に「自然の驚異」とか「自然の警鐘」などと表現することがあります。それは、自然が私たちを愛おしんでくれていたり、あるいは私たちに危険を予告してくれていると、私たち人間が感じるからなのでしょうか。それは私たち人間が私たち同様に自然にも意思があり、感性さえもあるかのように思っているからなのでしょうか。

自然の懐に抱かれている？
自然が我々に警鐘を鳴らしている？
空が泣いている？
風がささやいている？
星は何でも知っている？
まさか！

私たちは分かっているのです。自然に意思や感性などはないことを。
台風などの暴風雨によって引き起こされる我が国各地での甚大な自然災害。いえ、それは我が国だけではなく、今や全地球的規模での現象となっています。しかし、それは自然による私たち人間に対する警告でも、ましてや私たち人間の存在の在り方に対する仕打ちでもなく、単なる自然現象なのです。

自然は私たち人間を愛おしむことなどもなく、かといって憎むこともなく、ただただ、それこそ自然の摂理に従って存在し、変化し、現象しているだけのことです。

「自然には逆らえない……」

「自然には勝てない……」

「まさか私たちがこんな目に合うとは思ってもみなかった……」

いや、自然は私たちに敵対するためにあるのではなく、自然は自然存在の一部でもある私たちのためにこそあるのです。

だから、私は自然を素直に受け入れたい。遠い昔、私たち人間がそうであったように。

私たちの存在も自然。あなたも私も自然の存在。

だとすれば、障害者の存在も自然。

障害者も私たち人間を形成する大事な存在です。

私はそういう自然を素直に受け入れたい。

そういう自然を私たちは素直に受け入れなければならないと思うのです。

一一月一二日（火）　子どもの自然の動作とそれを誉めるということについて

例えば、三、四歳くらいの年頃のA君がいるとします。そして近所にA君と同い年くらいで手が不自由でうまく物が掴めないB君がいたとします。

ある日、そのA君とB君が近くの公園か自宅の部屋かで、いつものように一緒に無邪気に遊んでいるとします。

そんな時、B君が近くにあったオモチャか何かを取ろうとします。だけど、B君は手が不自由だからそれがうまく取れません。

その時、それを察したA君はB君が取ろうとした物を取って、ごく自然にB君に渡します。

そして、渡されたB君もごく自然にそれを受け取ります。

しかし、その時、誰かが、例えばそばにいた大人が、

「わー、A君えらいねー。取ってあげたのねー。えらいねー」と言って、A君を誉めたとします。

そしてさらには、

「B君、A君に『ありがとう』は？」などと言ったとします。

このような場面でのこのようなひと言は、私たちにとってはごく普通の日常会話となっていると思われますが、果たして……。

二人の子どもの、こうしたお互いのごく自然の動作について、誰かが（おそらく悪意なく）それを繰り返し評価し、価値を与えることで、二人の子どもの気持ちには微妙な変化が起こります。

その時の二人の感情を敢えて言葉にすれば、

A君「……どうして僕は誉められるの？」

B君「……どうして僕はお礼を言わなくてはならないの？」

ということになるでしょうか。

二人の子どもの無意識の内のお互いのごく自然の動作は、その時の大人の言葉によって〝意識する行為〟として自身の外に疎外されてしまうのです。人の人生の中での、物心つくかつかないかの頃の、人と人の間に交わされる無意識の動作、行為。そこに大人の価値観が入り込むと、彼らの関係はお互いの目には見えない一線で画されていきます。「行為をする側」と「行為をしてもらう側」とでもいうように。

そして、これが差別や偏見の萌芽となるものと思います。

一一月二七日（水）　悪たれ口

毎朝、さつき園にやって来ると必ず、まず園長室に顔を出す○○さん。そこで、いつも決まって悪たれ口をたたきます。

「園長さん、お早う！」

「おー、○○さん。お早う」と私が返事をすると、そのあと○○さんは必ずこう言うのです。

「おい、元の園長。なんじゃ、こんにゃろう。こんなさつき園なんか作らんかったらえかったのに。おー、こんにゃろう！」

園長室の壁には、もう亡くなられて久しい私の前任の園長だった方の写真を掲げています。その写真に向かって、○○さんは毎朝、口をとがらかすようにして同じ言葉を口にするのです。

さつき園開所当時、前の園長はご夫妻で地域の障害の方が住んでおられるお宅を一軒一軒訪ね歩いて、さつき園への通所を勧めて回られたのですが、その時、○○さんのお宅にもお伺いされたらしいのです。

しかし、○○さんにしてみれば、さつき園には行きたくなかったようで、「前の園長がお父ちゃんとお母ちゃんに話をして、僕がさつき園に行くことになったんよ。僕は行きとうなかったんよ」と言うのです。

そのあと、私もいつものように、

「まあ、○○さん、そう言うないや。さつき園ができたけぇー、○○さんと私が会えたんじゃけぇ、よかったじゃないかね」と言います。が、その意味が分かったのか、分かっていないのか、はっきりしませんが、○○さんは、これもいつものように、

「園長さんはえらいね。よー頑張るねぇ」と慰めてくれます。

本当は行きたくなかった（？）さつき園に、○○さんは一時期、在宅に戻ったこともありましたが、通算でおよそ二四年も通ってくれています。

○○さんは毎朝、こうして悪たれ口をたたきながら、さつき園に通い始めた頃を懐かしんでいるようにも見えます。

そんな○○さんはこんな朝の会話の最後に、

「園長さん、たいへんじゃね。頑張ってね！」と、いつも励ましの言葉をくれるのです。

毎朝、ほんとに判で押したようにさつき園に来たら必ず、まず園長室に顔を出して、私とこんな会話をしてくれる○○さんが私はうれしい。

そして、周りの方々のご支援やご理解があったとはいえ、よくぞ前の園長ご夫妻がこのさつき園を創り、利用者の開拓に尽力してくださったものと、心底、感謝するのです。

だから、そうしてさつき園ができたからこそ、○○さんと私が出会えたんだよ、○○さん！

思えば、前の園長が亡くなられて、もう一九年が経ちました。来月は祥月命日を迎えます。

一二月一七日（火）　ある判決

昨日一二月一六日、発達障害の息子を思い余って殺めてしまった父親に、懲役六年、執行猶予なしの実刑判決が下されました。この判決がその犯した罪に対して妥当なのかどうか、私には分かりません。

このニュースはその日のうちに、息子に殺されるかもしれないという恐怖に襲われ、体の震えが止まらなかったという父親の、その時犯した凶行についての様々な立場の人たちの見解とともに、日本中を駆け巡りました。

「これは他人事じゃないと思います」

何人かの人たちはインタビューのマイクに向かってそう答えていました。

他人事じゃない!!

発達障害。引きこもり。家庭内暴力。

「どうして主治医や警察に相談しなかったのか。そうすればこんなことにはならなかったかも知れないのに」

そういった声も少なくありません。

でも、その父親はそうはしなかったのです。

どうして彼はそうしなかったのか。

おそらく、うつ病の妻、自殺した娘、そして発達障害で引きこもり家庭内暴力をふるう息子。その家族たちとの崩れそうになる生活を、一身に支えてきた長い時間の中で、しかし彼には今の我が国の社会の制度や仕組みや組織への信頼が持てなかったのだと思います。

これまでも、今も、そしてこれからもそんな信頼の持てない社会や時代が続くのでしょうか。だとすれば、私たちは自分たちの社会づくりをいったいどこでどう間違えてしまったのか。

発達障害。引きこもり。家庭内暴力。そして我が子殺傷。

当事者の心の内を想像してみることもせずに、表面に現れた行動や現象だけから論評し、裁くことは止めよう。

もちろん、これは作り話ではないのです。現実世界に生きる、生身の人間の悲痛な叫び声と思います。けれども、それは真剣に聞こうとしない限り、誰にも聞こえない叫び声なのです。

一二月二四日（火）　私たちが解放される日は

社会は、誰も障害者に対する自分たちの偏見や差別をなくそうとせず、障害者に対する理不尽な行為行動などによって表面化して外に現れた現象について、あれこれ自分の感想や見解をもったいぶって、もっともらしく言うばかりです。「障害者の基本的人権を守ろう」とか、「人権擁護が第一だ」とか、「障害者虐待を防止しよう」とか。

どうして社会は、自分たちの社会に連綿と続く障害者への偏見と差別の連鎖を断ち切ろうとしないのでしょうか。それはあたかも障害者への偏見と差別はこの社会に当たり前にある空気のようなものだと言わんばかりです。差別と偏見はあって当たり前……、ということなのでしょうか。

しかし、そうした障害者に対する偏見や差別からの解放こそが、私たちの障害者福祉の目的ではないのか。ただただ、目の前に現れた偏見や差別から生じる虐待や殺傷事件に、場当たり的に対処し、各人が思いや見解や論評を吐露するだけでは、私たちの社会が持つ障害者差別や偏見を解放する根源的な解決、障害者の立場から言えば根源的な心身の解放にはつながらないと思います。

国の福祉施策における予算は算術ばかり。加減乗除を駆使して報酬を得させることで、いかにも、「国も障害者のことは考えています。障害者の福祉のことは考えています。障害者の生活や人生のことは考えています」と私たちに思わせているのです。目くらましでしかありません。しかし、社会も社会で、国と同じようなそんな次元でしか障害者のことなどは考えてはいないのかもしれません。

「障害の人はかわいそうだね。障害があるのによく頑張ってるね。えらいね」「障害者福祉は大切だね。障害者の人権ももちろん大事だね」「でもね。私たちには関係のない世界よ」「だから、私たちの生活や人生を邪魔しないでね」「………」

浅い人間観や哲学で社会や時代や人間を語る姿勢は無節操と言わざるを得ません。

長い私たち人間の歴史は、いったい何を目指してここまで続いてきたのでしょうか。いったい私たちはこのはるかに広がる時空間の中で、これからどこへ、そしてどこまで私たち人間の歴史を紡いで行こうとしているのでしょうか。

障害者が先入観に囚われた社会の差別や偏見から解放される日は、果たしていつの日かやってくるのか。いや、果たして私たちこそが、私たちの社会にはびこる障害者に対する差別や偏見から、解放される日は来るのか。

気がつけば、今日はクリスマス・イブです。

一月八日（水）　相模原障害者殺傷事件初公判に思う

二〇一六年七月に起こった相模原障害者殺傷事件の初公判が始まった。ところが被告が暴れて、午後からは被告が不在のまま公判が行われたとの報道。何があったのか。

この事件は世間を震撼させた。社会の役に立たないとする障害者の存在を真っ向から否定する考えを持ち、何とそれを現実世界で行動に移した人間が現れたのだ。事件現場の知的障害者入所施設は予期せぬ凶悪な暴力に未だに振り回されてしまっている。事件からおよそ三年半経って、世間では薄らいできたかと思われる事件への関心だが、私たちの関心は薄れることはない。

しかし、世間とは言わないが、折々に見聞きする障害者福祉関係者のこの事件へのコメントは惨憺たるものだ。正鵠を射る発言はもとより、「なるほど」と思わせる意見や論評や見解に出合うことがない。

どうして社会の役に立たないとする障害者の存在を否定することは許されないのか。どうして、社会の役に立たないとする障害者の存在を否定し、殺傷してはならないのか。誰も答えられないでいる。

「障害者の人権を尊重せよ」「基本的人権は誰にでも与えられているものだ」……⁉

日本国憲法〔基本的人権〕

第一一条　国民は，すべての基本的人権の享有を妨げられない。この憲法が国民に保障する基本的人権は，侵すことのできない永久の権利として，現在及び将来の国民に与へられる。

日本という国家が保障するから私たち日本国民には基本的人権があるのか。だから侵すことのできない永久の権利として与えられている、ということなのか……？

私たちの、障害者の命や人権に関する発言の質は、発言する人間、その人のこれまでの人生での障害者との関わり方の質が反映してくるものと思う。これまでの人生で、いったいあなたは口には出さずとも、腹の底で障害者のことをどう思い、どう考え、そしてどう接してきたのか、と。そうした問いに耐え得るだけの生き方をしてきたのか、と。そこを頬かむりしてはならない、と思う。

しかし、だから、私たちは障害者の命や人生や人権についての発言に逡巡してしまい、曖昧模糊とした言い回しで胡麻化さざるを得ないのでないのだろうか。

私はこれまで、それらに関する腑に落ちる発言や見解や論評に出合ったことがない。

事件からまだ三年半しか経ってはいないのだ。この相模原障害者殺傷事件の検証が私たちの腑に落ちるまでには、まだまだ多くの人手と時間を要すると思う。

とはいえ、私は、事件の当事者である被害者・保護者・家族と、私を含めた私たち障害者福祉の関係者と、そして我が国のマスコミ各社各人の事件検証への地道な取り組みに期待している。

一月一八日（土）　時代と世界

ある自動車会社のトップはこっそり日本を脱出して、自国に帰っていた。

巨大とはいえ、たった二つの国家の代表者の牽制合戦か威嚇合戦かで、世界経済の先行きに不安が広がっている。人間を人間とも思わない国家に対して、きちんとしたことも言えず、ただただ遠巻きにして見ているだけ。

大きな大陸の森林火災が年を越してもまだ消えそうにない。あるところでは火山が噴火し、またあるところでは海面が上昇し、そこでは国がなくなろうかとしている。

地球温暖化へ歯止めをかけるべく世界が協議を重ねるも、ちっとも足並みは揃わない。現れた少女の各地での発言や行動が伝えられるが、世界の国の政治や経済は微動だにしない。少女のこの先の人生が気がかりだ。

携帯電話からスマホの時代へ。人と人が、それも見も知らない人間同士がいとも簡単に出会い、いとも簡単に事件が起こる時代。

それは先の平成の時代から始まり、人と人の関係が手軽に、しかも一気に広がってきた。その技術の革新は、これまで私たちが長い歴史の中で培ってきた対面して成り立たせる人間関係をさらりと否定している。技術の担い手の腹の中が知りたい。

ラグビーが話題だ。「ワンチーム」という言葉が広まった。人間と人間が生身でぶつかり合う団体スポーツだ。そこではチーム力が問われる。ジャッカルなるプレーがあることも分かった。

ここでは、人間の持つ能力のすべてを鍛え上げ、研ぎ澄まして、戦う。それも決められたルールの下で。試合が終われば「ノーサイド」だ。試合が終われば敵も味方もなく、お互いに健闘をたたえ合うのだ。技術力ではなく、生身で戦うということに迫力と敬意を抱く。生身は鍛えられなければならない。そしてチームとしてのコミュニケーションも格段に鍛え上げられなければならないのだ。

今の時代は、夥しい技術力だけが先行し、生身の人間は茫然と見送るだけのようだ。だから見送るだけの私たちは、ラグビーというスポーツに、これまでの長い歴史の中で生身の人間同士がつくり上げてきた関係性の結晶をみているのだ。

時代は個々バラバラに好き勝手なことを先のことなど考えもせずに、時間と資源を費やしている。

「果たして、この世界をたった数人の思いや感情にこのまま任せていてもいいのか」と、呟いてみる。

転じれば、阪神・淡路大震災から二五年が経った。どんな試練があろうと、市民大衆である私たちの日々の営みは悲しみや痛みや苦しみ、楽しみや安らぎや喜びの中で続く。そしてその記憶は心に深く刻まれて、薄れることはない。

二月五日（水）　えらいことになってきました

えらいことになってきました。

さつき園でも利用者がマスクのことを心配しています。

「園長さん、マスク、どこで売りよるかねぇー」

「いやー、もうどこにもないんじゃないかのー」

利用者とそんな会話をして、夜帰宅すると、テレビ画面に横浜港沖に停泊している豪華客船が、まるで宇宙空間に浮かぶ宇宙ステーションのように映し出されていました。明かりの点いた窓が幾層にも重なって見えています。停泊している事情を知らなければ、ロマンティックにさえ思われる映像です。

乗船客の一人が香港で下船したのち、今回の騒ぎの新型コロナウイルスに感染していたことが分かり、もう大騒ぎです。豪華客船にいるおよそ三、七〇〇人は予想外、予定外の船旅を経験させられてしまっています。そして、各国は入国禁止措置をとってきています。

思えば、地球上の人間の移動は、ぼーっと地球儀を見ていたのでは分かりませんが、一人ひとりの人間の移動を赤い線で表せば、地球が真っ赤になるほどなのでしょうね。新型コロナウイルスに感染した人が世界中に飛び火のように散らばっている様子を見せられるにつけ、そう思います。

これは科学や医学と自然との闘いです。人類が持てる英知を集めて、自然と対峙し闘っています。

人類はこの先、今回同様の事態襲来に際して、自然に勝利することができるのでしょうか。未勝利が続くと、自然への憧れ、あるいは自然への嫉妬心から生まれた宗教に頼るほか、為す術がなくなるのでしょうか。太古の時代の人類を思います。

果たして、この状況はいつまで続くのでしょうか。

えらいことになってきました。

三月七日（土）　卒業生へのメッセージ

今日はさつき園のお隣の大島中学校の卒業式です。毎年、卒業式にはさつき園を代表して来賓としてお招きいただいていましたが、残念ながら、今年は来賓の出席は取り止めになりました。三年生諸君の人生の大きな門出を直にお祝いすることができません。誠に残念で仕方ありません。

さつき園は彼らの大島中学校での三年間に大変お世話になりました。毎年のことですが、運動会への参加、園祭りでのボランティア協力、学校給食で出される牛乳パックのリサイクルへの協力、お昼休みの利用者とともに楽しむフライングディスク。そして、三日間のさつき園での利用者との交流目的の作業体験（福祉体験学習）……。まさしく三年間、お隣同士のご近所づきあいをしていただきました。

今日の卒業式に出席できないことは、この状況では仕方ありません。なので、どうしても彼らにお礼と感謝の気持ちを伝えたいので、昨日、中学校にその旨をお電話でお伝えし、彼らへのメッセージを届けさせていただきました。

卒業式の準備でお忙しい中、玄関では校長先生と教頭先生と事務の方が迎えてくださいました。

持参したメッセージを、出席できない残念な思いとともに校長先生に託しました。

大島中学校三年生のみなさんへ
ご卒業おめでとうございます
三年間、さつき園はたいへんお世話になりました。利用者・職員ともども心から感謝いたしております。これからも時々、さつき園のことを思い出してください。またいつか、さつき園にお越しください。みんなで大歓迎しますよ。
お元気で。そして、自分の信じた道を正々堂々と歩いてください。
令和二年三月七日

さつき園利用者職員一同

思わぬことが起こり、彼らが思い描いた卒業式にはならなかったでしょう。けれど、卒業生諸君。こんなことにめげずに、君たちは君たちの人生の時を悠然と刻んでほしいと願います。お世話になりました。

三月一六日（月）　訃報が続きました

先週、同級生が亡くなりました。中学、高校の六年間を一緒に過ごしてきた同級生です。

スマホに亡くなった彼をよく知る友人からの着信履歴が残っていたので、電話を入れると「あまりいい話じゃないが……」との声。亡くなった彼は胃がんにも大腸がんにもなり、最後は血液ができなくなる病気だった、ということでした。「抗がん剤治療が辛い」と漏らしていたらしい、とも伝えてくれました。

彼がそんなことになっていようとは、全く予想していなかったので驚きました。

年に一度か二度、ほんとにたまに彼が経営する店の前を通るとき、ちょうど店番をしているところだったりすると、「おい、寄って行けーやー」と笑顔で声をかけてくれるのが、常でした。少し舌っ足らずの、丸みを帯びたよく通る声が記憶の中から聞こえてきます。もう葬儀は家族葬で済まされていたそうです。

こんなことなら、あの時ちょっと遠回りしてでも寄って行けばよかった……。でも、それはもう叶わぬことです。電話をくれた同級生も彼のいきなりの死にびっくりした様子でした。

電話を終え、スマホを持ったまま、私は五〇年以上も前の私たちが刻んでいた「時」を思い出すままに思い浮かべていました。

その翌日、密かに信頼を寄せていた県内のある施設の園長の訃報が届きました。彼の死もあまりにいきなりのことで、私はここでも電話口で「えっ！」と声を上げてしまっていました。

彼もがんを患っていたということでした。彼の場合も、彼がそんなことになっていようとは、全く私は予想もしていませんでした。私よりもまだ一〇歳くらい若い彼でした。

彼を見知ったのは、それでももう一五年ほど前にもなるでしょうか。会うたびに、彼のその優しい笑顔と、そして穏やかな物腰はいつも私に安心と勇気を与えてくれていたのです。そんな彼は直面するある苦難に対しても着実にあるべき方向を目指し、違えることなくその歩みを一歩一歩進めていたことを私は知っています。「彼を失うことは痛恨の極みです。誠に残念でなりません」と弔電を打ちました。

悔しいかな、今の私には二人の冥福を祈ることしかできません。残念ながら、時が遡ることはないのです。

三月二六日（木）　無症状感染と噂

今や新型コロナウイルスの感染は世界各地に拡大、蔓延しており、ついにWHOはパンデミックを宣言した。私たちは目に見えない敵と、あたかも無手勝流で戦っているようなものではないのか。いかに医学や科学が進歩してきたとはいえ、自然を凌駕するには程遠く、依然として自然に恐れ慄き、自然に翻弄されるままだ。

気になるのが無症状感染。どんな症状も外には現れず、本人にも感染している自覚がないのに感染状態にある、という状態を言うらしい。それが知らぬ間に次の感染者を生んでいくのだ。

それは人間社会の噂の広がりに似てはいないだろうか。

今回の新型ウイルスは感染ルートが辿れない患者が溢れると、そのことが原因で感染爆発も起こり得ると想定されている。

この感染ルートが辿れないということは人の噂の出所が分からないことと似ている。噂話に感染してしまっているのにその自覚もなく、無自覚のままに、まことしやかに次の人に感染させていく……。それもあたかも、まるで自分が実際に見てきたように噂話を脚色して。講釈師見てきたような嘘をつき。

こうしたしたり顔で他人に講釈する輩に出会うと、もう泣きたくなる。

間近に迫っていた東京オリンピックも一年延期された。

誰も経験したことのない事象がこれから始まる。噂などでは自然の真の正体は分からない。

令和二年度

四月一四日（火）「この子ら」とは誰のことか

糸賀一雄の「この子らを世の光に」の言葉について。

この「この子らを世の光に」の言葉は私たちにとっては肝に銘じて、常に反芻すべき大事な言葉だ。

だからといって、今、私はこの言葉にはどんな意味や思いが込められているのか、などということを殊更に語りたいのではない。

私は、糸賀の「この子ら」という表現があるとんでもない誤解を生んでいるのではないか、との懸念を示したいのだ。

私の懸念することとは、私たちの周りには、障害者福祉に中途半端な理解を示す人（そういった人たちは概して憐憫や見下しをしがちで、とにかく優しい言葉をかければいいのだと思っている）がいて、そういう人はいくら暦年齢（生活年齢）が成人の大人であっても、知的障害があるから自分たちに比べて知的に劣っており、あっても小さな子ども程度の知能しかないので子ども扱いしてもいいのだ、と思っているのではないか、ということだ。だから、そういった人たちは成人した大人の知的障害者のことも「この子ら」と呼んでもいいのだと思っているのではないか、と……。

糸賀がこの言葉を口にしたとき、彼の前には「この子ら」と呼んだとしても何ら不思議ではない「子どもたち」がいたのだと思う。彼の目の前にはたくさんの戦災孤児や、あるいは知的障害の少年や少女がいたのだ。だから彼は何の抵抗もなく、彼らのことを「この子ら」と呼んだのだ。

しかし、後世になって、どうも「この子ら」という表現は、すべての知的障害の人たち（たとえそれが子どもであろうが大の大人であろうが関係なしに）を呼ぶ呼び方として認識されてしまっているのではないか、と私は心配している。

れっきとした大人として人生を生きてきたのに、「この子」あるいは「この子ら」と呼ばれてしまっている彼らの気持ちを思ってほしい。

「そんなこと、どうせ分かりゃしないだろうに」と、あなたは嘲るだろうか。

そして、果たして糸賀の前に成人した大人の知的障害者がいたとしたら、糸賀は彼らのことを何という代名詞で読んだだろうか、と思ってみたりもする。

「この子らを世の光に」の「この子ら」は成人の大人のことではなく、少年少女のことなのだ。

知的障害だから、大人でも子ども程度の知的能力しかないから、子ども扱いして「この子ら」と呼んでもいいのだ、というのは、明らかに偏見であり、差別だ。

懸念することとして、このことは私の中で長くくすぶっている。

四月二九日（水・祝）　生活も命も今も未来も

今、地球上で起こっているのは、医学と政治と経済のせめぎ合いか。人類に叡智があるとすれば、今こそそれを証明してほしい。果たして、私たちの叡智は人類を救うことができるだろうか。

一枚岩になれない人類は、今その長い時の中で培ってきた、自画自賛ではない真の実力が試されている。

たかがウイルス。されどウイルス。

医学の言うことに、政治は、そして経済は果たして耳を貸すだろうか。そしてそれは全世界的な規模となるだろうか。それとも、政治が、あるいは経済が医学を押し切るだろうか。

まさか、これまでのように、幾度となく繰り返されてきた卑小な者たちの力関係でことの行方が決定されていくのだろうか。

私たちはそれに身を任せ、命を託すほかない……!?

私たちには生活も、命も、そして、今も、未来も大事なのだ。

五月二八日（木）　悲しいこと

私たちは日々を生きていく中で、偶然に出会って、たまたま同じ時をどれほどか過ごして、そして別れることを繰り返す。そんなことは大げさに言えば、日常茶飯事だとも言えよう。私とても、もうこれまで何人の人たちと出会い、何人の人たちと短くも長くも、同じ時を過ごしてきたことか。それは到底数えきれないほどの数となろう。

だから(?)そのたくさんの人たちとの日々繰り返す別れに際して、そのたびごとに「もう、この人とはこれが最後かもしれない」などとはめったに思わないものだ。しかもそれがまだ人生が始まったばかりの子どもの頃ならなおさらだろう。

幼い頃は、「じゃあ、またあしたね。バイバイ!」と言って友だちと別れ、いつしか「じゃあな。元気でな」などと言って別れてみたり、「それではこれで失礼します。お元気で。またお会いしましょう」などと、大人ぶって、思わせ振りな言葉で別れたりしてきた。

それがその人と会う最後で、もう二度とその人と会えなくなるなどとは思いもしないまま、気ままに言葉をかけ合って別れてきたのだ。

私たちは、友だちとも、先生方とも、ご近所の人たちとも、仕事で知り合った人たちとも、行事や、会合や、催し物や、旅先で、などなど、本当に多くの人たちと出会い、多くの人たちと別れのあいさつを交わしてきている。そして、残念なことに、その中にはもうそれが出会いの最後だった人もたくさんいるはずだ。

あいつとまたいつか会えるかなぁー。あの方といつかまたお会いしたいなぁー、などと漫然と思って生きてきたことが悔やまれる時が来るかもしれない。

先日、まだ私が少年だった頃に知り合った人が、もう亡くなってしまっていることを突然知った。しかもそれはもう一〇年以上も前だという。悲しい。

人の生き死には誰にも分からない。

今、新型コロナウイルスに感染して亡くなってしまった人たちの報道に触れ、その人たちの突然に終わってしまった人生を思うとき、思わず知らず我が人生を振り返っている自分に気がつく。

六月一二日（金）　親切の結果

車通勤の私。先日の朝の通勤時のこと。

釣り具屋さんの駐車場から一台の軽自動車が道路に出ようとして、左斜めに停車しています。運転している人も車の流れを気にしているようです。ちょうど先の信号が赤になったので、車の流れは緩やかになって止まろうとしています。私はその軽自動車の前あたりで止まることになりそうだったので、出やすいように前の車との車間を取って止まりました。

信号が青になり、その軽自動車はゆっくり流れに合流します。私もその流れに乗って軽のあとを進みます。

と、その軽はおそらく四〇〜五〇ｍも行くか行かない所で、左折しようとするのか車体が少し左を向きかげんです。そこには郵便局があり、その駐車場に入ろうというのでしょうか。

「こんな時間には郵便局はまだやっていないから、ポストに何か投函するのか？」と思って見ていると、何と、その軽はウインカーを点けずに左折を開始しているのでした。

するると、私が「えっ！」と思ったと同時に、私の車の左側をスッと通過して行った自転車が、左折する軽の左ボディに衝突しそうになったのです。自転車は衝突を避けようとブレーキをかけて、左に車体を傾けますが、軽はそれには気づくことなく左折していくので、自転車は車道と歩道との間に設置してある縁石と軽に挟まれそうになってしまうようでした。

けれど、何とか衝突することなく、衝突寸前で自転車は止まったのです。

それでも軽の運転手はそのことに気がつきません。なので、自転車の青年は自転車に跨ったまま、停車した軽の運転席に近づき、ひと言ふた言、険しい顔つきで何かを言っています。そして、ややあって彼は自転車を漕いで立ち去って行きました。軽の運転手がどんな顔をしていたのかは見えませんでした。

その時、私が思ったこと……。

軽自動車に先を譲った私の行為がなければ、自転車の彼はあんな危険な目に合わずに済んだかもしれない。幸いにもぶつからずに済んだけれども、あんな不愉快な思いをせずに済んだかもしれない。彼はあの日一日嫌な気分で過ごしたかもしれない……。いや、衝突して大けがを負ったかもしれない。いや、転倒して打ちどころが悪かったら死んでいたかもしれない……。

自分の行為が見ず知らずの人に対してどんな結果を及ぼしているか。私たちは、日々そんなことをいつも考え、気にして生活してはいません。しかし、単なる行為ではない自分の親切心や優しい思いやりの結果は、きっと相手の人にとっていい結果をもたらしているだろうと、勝手に思っている。

ボランティア行為、然り。教育行為、然り。親の子への行為、然り。

そのとき、その結果をもたらした原因、あるいは遠因は、誰にも分からない。近視眼的に見れば、あれが、これが、とその原因らしきものを言うことはできるかもしれない。けれど、本当の原因は何なのかは、誰も知ることはできない。

障害者支援が難しいのは、本人の生い立ちからこれまでの歩みや、本人に接してきたすべての人との関わりを審らかにすることができないからだ。

さつき園の利用者の○○さんや□□さん、そして△△さんも……。彼らは何も喋らないけれど、そして自分の過去を振り返ることも苦手かもしれないけれど、そうした社会構造の中で、彼らは自分の人生を、己の力を振り絞って、力の限り懸命に生きてきているのだ。

七月六日（月）　オンライン会議

五月末から先週末までにオンライン会議を三回経験しました。

まだ三回だけの経験ですが、それでも先週末の三回目には、何とか落ち着いて会議に臨めるようになった気がします。初めての時は、発言のタイミングがうまく取れずに、他の人の発言と被ってしまったりしていましたが、「間」の取り方が何となく分かってくると、それも少なくなり、会議に集中することができるようになってきました。

会議の議長役をする時もありました。

議長となると、会議の全体の雰囲気や出席者の様子を把握しながら進行していかねばなりません。ところが、出席者全員の表情を一瞬の内に確認することができるといいのですが、オンライン会議となると、画面を見ながら、誰が発言しそうかとか、誰に発言をお願いしようかといった判断がなかなか難しく、少し苦労しました。

また、自分の声が出席者全員にちゃんと聞こえているのかどうかが、とても不安になって困りました。出席者の反応が明瞭に感じられないのです。オンライン会議では出席者の息遣いを感じることが難しいようです。

そして、それ以前に、画面にどんな風に自分の顔や背景が映るのかを気にしなくてはなりませんでした。顔や風体は今更何ともしようがありませんが、自分の背景には気を使わねばなりません。

一回目にはそんなことは全く気にせずに臨んでいました。すると、終了後、ある出席者からの電話で、「園長も書類の整理には苦労しているようですね」なんて、言われてしまいました。私にとってはもうすっかり見慣れた園長室のそこかしこの書類の山ですが、初めて見るような人にとっては、「何とだらしない書類の山だなぁ」となるのです。そういえば、テレビでのスポーツ競技のヒーローインタビューや政治家の発言などの時の背後には、ちゃんと粗が見えないように（？）背景をカバーする衝立のようなものが置いてありますね。見るほうも、それでインタビューに集中できるのでしょう。

新型コロナウイルス感染は第二波が来そうで心配されますが、お蔭様で、思いもよらなかったテレビ会議というものを体験してしまいました。これからはこういうことが日常になる社会、そして時代になっていくのでしょうね。

七月三〇日（木）　こどもの詩

もはや新型コロナウイルス感染の第二波の襲来は明白です。今、私たちの生活と命はその猛威にさらされようとしています。そうしたいつまでも止まない、低く唸る重低音のように私たちの心と体にストレスのかかる日々。しかし、それでも相変わらず新聞の切り抜きが好きな私は、『こどもの詩』という読売新聞のコーナーがこれも相も変わらず好きなのです。

今回は一瞬でも今の緊張から解放されるべく、皆さんにいくつかの子どもたちの詩をその読売新聞のコーナーからご紹介したいと思います。

1　ラーメン
おばさんがつくる

ラーメンがすき
おにくもめんもすき
おかあさんのつくるラーメンは
おにくがかたい
でも
おかあさんがかわいそうだから
いわないです

（茨城県　小一年）二〇一九、一、六

2　しゅくだい

いつも学校からかえったら
おやつをたべてから
しゅくだいをする
それはかえってからすぐするのは
なんかちょっといやだから
あとにしてる

（滋賀県　小二年）二〇一五、一二、二

3　家に帰ったら

まずゲームをしてしまう
そしてお母さんが帰ってきて
おこられる
その後おかしを出してもらう
氷だけのときもある
ぼくはだまって氷をかじる
（茨城県　小六年）二〇一九、一〇、九

4　おべんきょう（おばあちゃんがこの子の発言を書き留めたものと思います）
おばあちゃん今なにしてたの？
本読んでお勉強してたのよ
えっ!?
おばあちゃんまだ勉強するの？
だってもう
あいうえおわかるでしょ？
（埼玉県　年長）二〇一九、一二、一三

5　おかえり
帰ってきたら

おじいちゃんに
ただいまと言った
おじいちゃんはおかえりと
言ってねてしまった
その後なくなった
あの時のおかえりが心に残った

（埼玉県　小六年）二〇一九、四、九

6（これは、保育者が園児の発言を書き留めたものです）
緑色が好きな二歳男児が、黄緑色と緑色のブロックを手にしていた。
保育者「これは何色？」
男児（黄緑色を指して）「みどり」
（緑色を指して）「？」

（京都府　保育所園児）二〇二〇、六、二六

少しは気持ちがほっこり、あるいはゆったり、あるいはほのぼのしましたか。こうした子どもたちの感性を大事に育てたいものですね。緊張の日々、ストレスの日々ですが、少しは心がホッとされましたでしょうか。
そこで、問題です。

さて、六番目の男児は緑色のブロックを指して、いったい何と言ったでしょうか？
ヒント　さすが現代っ子ですねぇー。
では、しばし子どもたちの感性を味わってください。答えは次回にご紹介いたします。

八月一一日（火）　こどもの詩（続き）

前回の問題の答えです。
問題にした「詩」を再掲します。

（これは、保育者が園児の発言を書き留めたものです）
緑色が好きな二歳男児が、黄緑色と緑色のブロックを手にしていた。
保育者「これは何色？」
男児（黄緑色を指して）「みどり」
（緑色を指して）「？」
（京都府　保育所園児）二〇二〇、六、二六

この詩（？）の「？」が問題でした。
いったい、黄緑色のブロックを指して「みどり」と言ったこの男の子は、緑色のブロックを指して何と言ったのでしょうか？

答え。緑色が好きなこの子は、黄緑色のブロックを指して「みどり」と言いました。そして、そのあと、緑色のブロックを指した彼が言った言葉は、

「めっちゃ、みどり！」でした。

「めっちゃ、みどり！」

自信たっぷりにそう言った時の、その子の得意げな表情を想像しましょう。彼はよほど緑色が好きなんですねぇ。私たちの世代は「めっちゃ」という表現はなかなか使いませんが、今の保育園児は普通に会話の中で使っているのでしょうね。今を昭和でいうと、昭和九五年です。終戦後七五年経ちました。昭和も平成も「遠くなりにけり」といったところでしょうか。

例えば、五〇年後。令和の今の子どもたちはいい歳になっても「めっちゃ、〇〇〇！」なんて、ごく普通に使っているのでしょうか？

八月二五日（火）　このたび思い知ったこと

新型コロナウイルス感染拡大の様子を伝えるマスコミ報道を見聞きして、思い知ったこと。まず、一つ。

ことに当たっては、いかに初動が大事かということ。初動対応を誤ると、あっという間に負の状況が私たちの生活や人生を侵食していく。今回は明らかに初動対応に甘さがあった。

次に一つ。

「自然」を軽く見たということ。「自然」など人間の力でどうにか抑え込めるだろうと高を括ったこと。

また一つ。

目に見えないものがいかに怖いかということ。それは今回のようなウイルスに限らず、世間の噂、然り。同調圧力、然り。匿名コメント、然り。そして、それは実態の見えない国家も然り。

また一つ。

押しなべて、サービス業がびっくりするほど脆弱だったということ。創業〇〇年ともいうような、いわゆる老舗と言われている商店や旅館。そして開業してそこそこ落ち着いてきたという飲食店や販売店などが今回のことで、一気に立ち行かなくなり、倒産や廃業に追い込まれている。わずか二～三ヵ月のあいだ、現金の流れが滞ったことで店じまいの危機にあるとは……。

これは経済に疎い私の素朴な感想。

そしてまた一つ。

「不要不急は控えよう」と言うけれど、私たちの生活、あるいは人生にとって、「不要不急」がいかに大事だったか、ということ。そして、その「不要不急」こそが私たちの社会経済を回し、それをしっかりと下支えして、私たちの生活と人生に潤いをもたらしていた、ということ。

そして最後に一つ。

命と経済のバランスをとるのがいかに難しいか、ということ。

この状況を持ち直すには一、二年では無理で、少なくとも五年から一〇年かかるだろう、という人もいる。新しい生活様式などといわれているが、その新しい生活様式はひょっとして、今を時めくＡＩにでも決めてもらおうとでもいうのだろうか。

九月一三日（日）　思い出になったカレーライス

昨年の年末休みのある日。さつき園のグループホーム三ヵ所をそれぞれ訪ねて回った時のことです。

最後に訪ねたグループホームでは、さつき園の利用者でそのホームで生活している○○さんがたまたま一人で台所にいました。

突然、玄関に現れた私を見て、「あっ、園長さん。どうしたんですか?」と驚く○○さん。

「休みには何しよるんかなぁーと思って、来てみたんよ」と私。

見ると、○○さんはカレーライスを作っているところでした。壁の時計を見るとお昼を少し回っています。

「今、○○さん一人かね?」

「はい」

「今日のお昼はカレーライスなんじゃね」

「園長さんも食べますか？」

「えっ。いや、ええよ、ええよ」

「せっかくじゃから、食べていってください」と、勧めてくれる○○さん。

その言葉に甘えて、私は素直に○○さんの作ったカレーライスをご馳走になりました。

すると、そのカレーライスの何と美味しかったことか。

そういえば、「私は若い頃から、よぉーご飯の用意をさせられとったから」と、彼女が折に触れて話してくれていたのを思い出しました。

料理のできない私は、だから余計に○○さんがカレーライスを作ることに、そしてそのカレーライスが美味しいことに驚かされていました。

思わず「このカレーはうまいのー」と言うと、「そうですか」と少し照れた○○さん。

さつき園では見られない、ごく自然にカレーライスを作り、たまたま訪れた私にごく自然に「園長さんも食べますか？」と勧めてくれる○○さんの思いやり、心遣いをとてもうれしく感じていたのです。

ところが、その○○さんが先日、ある病で急逝とも思えるように亡くなってしまいました。

社会から「障害児」「障害者」と言われて育ってきただろうと想像する○○さんの六〇有余年。○○さんの人生はどんな人生だったのでしょうか。

私たちは私たちのこの社会に生きて、「障害がある」とか「障害者」などと、当たり前のように口にしていますが、そう呼ばれている本人にとってはどこにも「障害」などはないのです。それは私たちが勝手にそう呼んでいるだけのことなのです。

そんな社会に生まれて、○○さん、よく頑張ってこれまで生きて来たんだね。よく頑張ったね。

あの冬の日の午後、穏やかに流れる時間を○○さんと過ごしたことが、早くも思い出になってしまいました。

○○さん。ありがとう。さようなら。

一〇月六日（火）　利用者同士

朝の送迎便でさつき園にやって来た利用者の○○さん。今日も元気です。事務室前の廊下あたりで、半分ふざけているのでしょうか、いつものよく通る、大きな声でこう言っているのが時々聞こえてきます。

「◇◇のおじさん…」「◇◇のおじさん……」

さつき園の職員の苗字に「おじさん」をつけて呼んでいるのです。

廊下中に響く声で、何度かそう言っています。

すると、そばにいたらしい□□さんがおもむろに、

「○○さん。◇◇さんはおじさんじゃないよ。さつき園の職員よ。職員のことをおじさん言うちゃーいけんよー。◇◇さんちゅうて、ちゃんと名前を呼ばんにゃー」と、落ち着いた口調でたしなめています。

すると、廊下中に響いていた声が一気に静かになりました。見事なものでした。私は園長室で一人ニヤリとして、感心することしきりです。

利用者は利用者同士です。こんな時、職員ならどう言うのだろうか、とも思います。□□さん、お見事でした。

さつき園には一〇代から七〇代までの幅広い年齢の利用者が通所して来ています。こうした幅のある年齢層の利用者同士の人間関係が、利用者お互いをじわりと育て合っているのです。職員が意気込んで、あれこれいじくり回すことはないのです。

一〇月一四日（水）　自分と体

「これからは自分の体と相談しながら生きていきます」

大病をした人の体が回復して、また日常生活にもどろうという時に、こういった発言をしているのを耳にすることがあります。

体と相談しながら……!?

相談とは大概、人とするものと思います。例えば身内の誰か。例えば親しい友。例えば職場の同僚や上司。例えばその分野の専門家……、などなどといったところです。しかし、この時は自分の体が相談相手になっています。

ひょっとして、私たちはそれはいかにも自分の体ではあるけれども、それを他人のように感じているのではないか、と思います。案外、私たちが自分の体だと思っている体は自分の物ではないのかもしれません。

それはたまたま、単なる偶然で自分に与えられたものでしょう。誰も、たくさんの体の中から、自分で「自分の体はこれがいい」などと言って、得心して選んだ人などいません。

それなのに、私たちはたまたま与えられたそれを、自分の体として生涯を通してつき合っているのです。頑強な体であろうと、病弱な体であろうと、ある可能性を秘めた体であろうと、そして社会から障害児者と呼ばれる体であろうと。私たちは生命として存在し始めた瞬間に、有無を言わさず、それを与えられて、それとともに生きる人生を生きているのです。思えば残酷と言えば残酷、いかにも自然と言えば自然。そこには人としての感情が入り込む余地など全くありません。

自分の体で生きる　自分の体を生きる　自分の体と生きる　自分を体で生きる　自分を体が生きる　自分と体で生きる　自分が体で生きる　自分が体を生きる　自分が体と生きる

あなたと体との関係はどれに当てはまりますか。これらの微妙なニュアンスの違いがお分かりでしょうか。

コロナ禍の今。出口の見えない今。現在に生きる私たちは、世界中の人々の行動一つひとつに、これほどの強い関心を抱くことはこれまでありませんでした。

私たちは生命です。私たちは私たちの存在に関する大事なことを見失ってはなりません。体という器がなければ、私たちの存在は危ういのです。その器こそがかけがえがないのです。

一一月九日（月）　若い世代の諸君へ

今日、地元の高校一年生一一人が授業の一環として、さつき園の見学に来てくれました。ちょうど一週間前に、今日の見学のための予備知識を得てもらうために、私は要請されて彼らの高校に出向き、さつき園のことや障害者福祉のことを話させていただきました。例年なら、この見学前の事前講話とさつき園見学とさつき園での障害者（さつき園利用者）との作業体験がセットになっているのですが、今年は未だ新型コロナウイルス感染が収まらないために、高校生諸君が利用者と一緒にする作業体験は取り止めざるを得ませんでした。この状況では仕方のないことではありますが、私はそれがまことに残念で仕方がありません。

園内を案内しながら、彼らにあれこれ説明する中で事前講話での話のおさらいもして、利用者の作業の様子を見学してもらいました。

先週末には、一週間前の事前講話についての感想文が担任の先生から届けられていました。以下に、いくつかをご紹介します。

・今日の講話は私の将来の夢に近づくためにとてもよい機会だった。今日の講話を次の見学で生かしたい。
・障害者を一人の人間として、大人として尊重する。人権を認めるというのはとても大事なことだと思います。
・障害のある方が幸せに暮らす姿を見ると嬉しい気持ちになる、という話がすごく印象に残りました。
・人はみんな見え方も感じ方もそれぞれ違うからこそ、豊かで素晴らしい社会になるのかなと思いました。

社会の障害者に対する偏見や差別の連鎖を断つには、心がまだ柔らかいこうした若い世代の諸君が、実際に障害者と一緒に作業するなどして障害者と同じ空間、同じ時間を過ごすことこそが大事と思います。そして、若い諸君には自分の感性で、自分の体で障害者を感じ、障害者について、障害者の人生について、自分の頭で、自分の言葉で考えてほしいと思います。

私は、大人たちの言葉や世間の噂や社会の価値観を鵜呑みにして、障害者に対する偏見や差別の連鎖に無自覚に己を委ねることを彼らにはしてほしくはないし、そうさせたくはないのです。

一一月一三日（金）「障害は個性」「障害も個性」という不快

例えば、「障害をその人の一つの個性ととらえよう」などと言う人がいるが、どうして障害をその人〈個〉に押しつけるのか？

そうではない。障害者は障害のあるその人〈個〉に属するのではなく、障害は私たち〈類〉に属するものなのだ。だからこそ、障害が私たちの命題となるのだ。

これは二〇一五年三月に私が自費出版した本の帯に記した、その本の本文から引用した文章です。

それ以前から、私は「障害は個性だ」という言い回しに何とも言えない不快感を感じていました。その言葉を聞いて感じる不快感はいったいどこから来るのだろうか。この不快感は何なのだろうか、と私は長く自分に問いかけていたのです。

しかし、今では中学生でもそういう言い方をするようになってしまいました。

ところが、先日、私の内にある不快感と似た感情なのかも知れない、と思わせる感情を詠う短歌に巡り合いました。

「障害も個性」とふ記事に

何となく頷《うなず》くことのできぬ
われがゐて
（刈谷君代《かりやきみよ》）

注：「とふ」は「という」の意

「障害も個性」なんて、いかにも洒落たキャッチフレーズ。しかし視覚障害者の作者には空虚に聞こえるのだろう。なぜならこの言葉には人としての痛みが感じられないから。痛みのない言葉は寒々と響く。
（歌集『白杖と花びら』から。長谷川櫂）
二〇二〇年（令和二年）一一月一〇日付読売新聞「四季」から

この短歌を評する言葉として、ここでは『障害も個性』という言葉は作者には空虚に聞こえている。なぜならこの言葉には人としての痛みが感じられないから。痛みのない言葉は寒々と響く」と書かれている。

〈個〉の痛みを私の痛みとして自らが感じるには、何が求められるだろうか。

その時、私は、〈個〉に押しつける問題として障害に対峙するのではなく、障害はどこまでも〈類〉としての私たちが引き受ける、私たちの内なる問題として考えねばならないと思う。それは障害者の内なる痛みを思い、そしてそれを己のこととして感じる感性。その感性を私たちの内側に宿すことから始まるのです。

だから、「障害は個性」「障害も個性」などと言って、自分自身と切り離した物言いはやめるのです。障害はどこまでも〈類〉としての私たちの問題です。だから、障害は連綿と続く私たち人類の克服すべき命題なのです。

一二月二日（水）　生放送の凄さ

先週のことです。

歌謡界を代表するほどの歌手の一人となった彼がテレビの生放送の歌番組で、頬を伝う涙を手でぬぐいながらデビュー曲を歌っています。その声は震えています。

彼は、デビューに至るまでの奥さんとの思い出を司会者に問われるままに話しているうちに、感極まってその歌を歌う前から目に涙を滲ませていたのです。

歌手になる夢を見る彼の背中を押して、地方から東京へ送り出してくれた奥さん。それからの辛い下積み時代を支えてくれた奥さん。その奥さんがいてくれたおかげ。そしてもちろん彼の努力の甲斐もあって、彼のデビュー曲はその年のレコード大賞新人賞に輝きました。

昨日が奥さんの命日で、三回忌だったとのこと。彼の中に奥さんとの思い出が一気に溢れたのでしょうか。涙は止まらず、彼は最初からまともに歌が歌えません。時折、しっかりと歌おうとしますが、顔はゆがみ胸が苦しそうで歌声はなおも震えて、途切れ途切れになるばかりでした。

曲が終わると、コロナ感染防止対策のための少人数の客席に向かって「申し訳ありませんでした」と、彼は涙のまま頭を下げました。

人前で、しかも生放送中に、彼があれほどに涙を流したことに私は驚いていました。彼の涙は見ているこちらも胸が苦しくなるほどでした。それは全くの予想外の出来事でした。

その歌番組を見終わった私は、果たしてあの時、彼が泣いて歌が歌えなくなるという状況は制作者側は想定内のことだったのだろうか。あるいはそれは初めから狙っていたことだったのだろうか。そして、もしもあの歌番組が事前に録画したものを編集し直して、再構成した形で放送されていたとしたら……と、思ったのです。そこに何かの意図、あるいは何らかの計算、あるいは例えばテレビ局の制作サイドの番組構成上の常識などといった、いわばテレビ業界の中にある暗黙の規制のようなものによって、事前収録の内容が取捨選択され、再構成されていたとしたら、果たして彼の登場場面はあの時の生放送と同じように、真っすぐに私に驚きと感動をもたらしただろうかと。

放送中、どんなに予想外、計算外のことが起こってもそれらを全部引き受けるのが生放送、生中継、ＬＩＶＥ放送の凄さと思います。

しかし残念ながら、そういう放送スタイルに積極的に意欲をもって取り組み、そこにこだわる精神は今の放送界にはないと思われます。そうした緊張感など、最早テレビ業界にはないのではないか。もちろん、あるルールに則って行うスポーツ競技の生中継などはありますが、ドラマや歌番組でそうした生放送はとんと見なくなりました。年末恒例のNHK紅白歌合戦と日曜日お昼のNHKのど自慢が生き残っているといったところでしょうか。

わずかなりとも人によって再編集、再構成された録画は、所詮、加工されたもので、もはや事実ではありません。そこには私たちが素直に受け取るには危なっかしいものが潜んでいます。予定調和の内容でいったい何を伝えようとしているのか。

製作者の付和雷同や同調圧力やバイアスなどという心の動きに、私たちはどう抗うか。どう拮抗するか。そして、どう自立するか。私たちはまるでシャワーのように休みなく降りそそぎ、しかも誰かに加工されたかもしれない情報を無邪気に受け入れるわけにはいかないのです。

私たちの前には、ものごとの真実に迫るための事実を集めることの困難さが、昔も今も、そしておそらく未来にも立ちはだかっています。

AIやバーチャルが時代の中心になってきてはいますが、テレビ業界には命の生の手触り、命の生の迫力を伝える生放送に、どうか果敢に挑戦してもらいたいと思うのです。

たまたま見入ってしまった生放送。あの歌番組で、私はその歌手の真実に触れた思いがしたのです。

一二月一〇日（木）　シクラメンとの出合い

ある人から一鉢のシクラメンが贈られてきました。

驚いて、お礼を伝えると、「園長室に飾ってほしいです。園長室に顔を出す利用者さんたちにも楽しんでもらいたいと思って」とのことでした。

たくさんの淡いピンクの、あの独特の形をした花が鉢の真ん中で隙間も見せずに、すっくと寄り添いながら咲いています、その花たちを下から支えるように、深い緑色の葉がみっしりと周りを取り囲むように広がっています。淡いピンクの花びらの中には赤い線が入っているのもいくつかあるようです。

今、園長室には贈っていただいたたくさんの淡いピンク色の重なりと、たくさんの深い緑色の重なりを見せるシクラメンが堂々と、しかしどこか恥ずかしそうに咲いています。

振り返れば、あの時、私にあの人との出会いがなかったとしたら、おそらく、今、私がここに、こうしていることはない……。それが私の人生。それが私たちの人生。それが時の流れの中で生きる私たちの命の営みなのです。

およそ五〇年前のあの時、あの人に私がめぐり会わなかったとしたら、このシクラメンはこの園長室に届くことはなかったのです。あの人の奥さんの弟さんが丹精込めて育てているシクラメンの一鉢が、今、園長室で静かに咲いてくれています。

目の前の一鉢のシクラメンとの出合いの不思議さに、柄にもなくしみじみしている園長なの

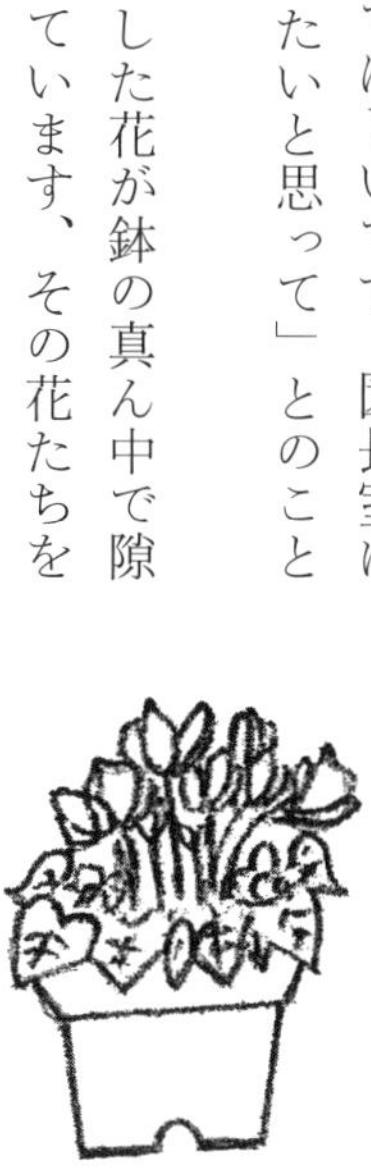

です。

一月一九日（火）　食堂で（その一）

さつき園の昼食は食堂に横一列に長くテーブルの列を五列並べて、利用者と職員が一緒に食べます。

昨日のこと。

もう食事が済んで大半の利用者がいなくなって四人ほどしかいなくなった食堂に、「ヤカンください」「ヤカンください」と言っているように聞こえる○○さんの節のついた声がゆったりと響きます。一つ席を置いて左隣に座っていた□□さんがどうしたものかと、食事が遅くなってまだ食べていた私のほうを振り返ります。

私がゼスチャーでテーブルの途中に置いてあるヤカンを指さすと、少し笑って□□さんは立ち上がって、そのヤカンを○○さんの所に置いてあげました。

しかし、ホッとするのも束の間。○○さんはそれでも、「ヤカンください」「ヤカンください」と聞こえるようにゆっくりと節をつけて言うのです。□□さんは困った顔で、また私のほうを振り返ります。

私も不思議に思っていましたが、「あっ、そうか」と思って二人のテーブルまで行って、おもむろに○○さんの耳元で小さく、「お茶ですか」と聞きます。すると、すかさず○○さんは小さくうなずいたのです。

ヤカンを持って○○さんの湯飲みにゆっくりお茶を注ぎ「どうぞ」と言うと、○○さんは「ありがとうございまーす」と小さく囁きました。そしてまた、ゆっくりとご飯を食べ始めます。

私は思わず□□さんと顔を見合わせて、ホッと笑顔を交わしました。

一年が経っても、新型コロナウイルスの感染はまだまだ全国的に収まる様子を見せず、それどころか拡大する一方です。テレビのニュースも、まずはその日の全国の感染者数のニュースから始まる毎日です。

しかし、そうしたことが日常となってしまっていても、私たちの日常には心ゆったりとしてよく見れば、思わずホッとさせられて、小さな笑顔を交わす瞬間もあるのです。

たとえ緊張とストレスのかかるコロナ禍と言えども、そういう瞬間を持ちたいものです。

食事を終えた○○さんと□□さん。二人とも満足した面持ちで、きちんと下げ膳をして食堂を出て行きました。

一月二二日（金）　食堂で（その二）

今週の昼食時間でのこと。
○○さんが食べ終えて席を立ち、食べ終えた食器の載ったトレイを両手で持ち上げて、下げ膳しようとしていました。食堂での席は利用者同士の相性などを考えて、できるだけトラブルを避けるように配席しているのですが、新年からはたまたま私の右隣が〇〇さんの席です。

下げ膳をする〇〇さんを横目で感じながら食べていると、〇〇さんは食べ終わった後の「ごちそうさまでした」の合掌をしないまま、下げ膳の台に向かいました。

次の日。

前日と同じように、食べ終わった〇〇さんは「ごちそうさまでした」の合掌をしないまま椅子から立ち上がりました。そこで私は〇〇さんと目を合わせながら、合掌して声を出さずに口パクで「ごちそうさまでした」と言いながら頭を下げました。

すると、「そうか」と言うような顔をした〇〇さん。椅子に座りなおして、合掌して小さな声で「ごちそうさまでした」と言ったのです。そうしてちょっと恥ずかしそうに下げ膳していきました。

そのまた次の日。

食べ終わった〇〇さん。今日も「ごちそうさまでした」の合掌をしないまま椅子から立ち上がりました。そこで私は〇〇さんの顔を見て、合掌してみせました。すると、「あっ」と言う顔をした〇〇さんは座りなおして、合掌して小さな声で「ごちそうさまでした」と言ったのです。そしてまたちょっと恥ずかしそうに下げ膳していきました。

そのまた次の日。

食べ終わった〇〇さん。その日はきちんと合掌してごちそうさまをして、椅子から立ち上がって静かに下げ膳していきました。

利用者が生活習慣を身につけていくことは大事なことですし、それはたいへんな時間と根気を要します。あいさつ言葉の使い方。箸の持ち方。靴の履き方。顔の洗い方。歯の磨き方。タオルの絞り方。傘の差し方。衣類の身につけ方……などなど、生活する上で身につけたい、たくさんの習慣があります。

利用者は親を見、教師を見、職員を見、友達を見、テレビを見、隣近所の人を見……などして、生活の中で出会うあらゆる人から、ちゃんと何かを受け取っているのです。「どうせ分からないだろうから」とか「どうせできないだろうから」などと適当にやり過ごしてはいけません。彼らを侮ってはいけません。彼らはしっかり見ていて、良いも悪いもちゃんとそれを身につけていくのです。

しかし、もちろんそれは彼らが悪いわけではありません。さつき園の利用者を見ていると、彼や彼女たちがどんな人たちに囲まれて、これまでにどんな生活してきたのかが見える気がする時があります。私たちが、私たちの社会が、彼らを障害者にしてしまう生活環境を作り上げてしまっているのです。
○○さんは明日も明後日も、そしてこれからも忘れずに「ごちそうさま」の合掌をしてくれるだろうかと、ちょっと心配している園長さんです。

二月一日（月）　食堂で（その三）

前回の「食堂で（その二）」に、このブログをお読みいただいている方から、コメントを寄せていただきました。ありがとうございます。滅多にコメントをいただくことがありませんので、コメントを寄せていただくのは本当にうれしいことです。

さて、「食堂で（その三）」です。

○○さんはいつどうして覚えたのか。食事を終えて下げ膳をして食堂を出て行くとき、必ず、まだ食堂に残って昼食を摂っている利用者や職員に向かって、「お先にー！」（と言っているように聞こえる）言葉をかけていきます。その時は、大概、多くの利用者はもうとっくに食べ終わっていて、いつもの四、五人だけがまだ食事中なのです。その中には私もいます。

○○さんは自分が先に食事を終えて、下げ膳をして食堂を出ようとする時に必ず「お先にー！」と声をかけるのですが、どういう訳だか、誰かが自分より先に食べ終えて食堂を出ようとする時にも、「お先にー！」と自分からその利用者や職員に声をかけてくれます。なので、時に○○さんより先に食事を終えて食堂を出ようとするのに「お先にー！」と言われると、ちょっと戸惑います。

でも、○○さんの明るいよく通る声は、聞いていてとても気持ちがいいのです。

「お先にー！」の発音が明瞭ではない○○さんですが、それを聞くと○○さんの優しい気持ちを感じます。食堂を出る時に、「お先にー！」と言って、右手の敬礼とともに元気なあいさつをしていく時もあります。私はいつも軽く敬礼のように手を挙げて、「はい、どうぞ」とそれに応えます。

支援学校高等部の時にさつき園で実習体験をした○○さん。その頃の幼かった心身はさつき園に通うにつれてすっかり大人びてきていました。支援学校時代はお母さんや先生の接し方をちょっと過保護のように感じていましたが、今では背も伸びで、瞳にも力があり、すっかりいい青年になりました。

障害者も私たちも人間は生命力を伸ばすべくその環境を与えられると、しっかりと内なる力を健やかに発揮することを身をもって証明してくれている○○さんです。

二月一六日（火）　私たちの非日常と地球の日常

先週土曜日の夜一一時○八分。大自然は私たちの胸にある、あの時の辛い思いを嘲うかのように、東日本大震災から一○年の節目の時を迎えようとしていた私たちを無慈悲にも、これ見よがしに襲ってきた（福島県沖　M7・3　震度6強）。

人生一○○年という時代に在って、一○年は長いか短いか。しかし私たちがそれをどう感じようと、私たちが生きる地球にとって、あるいはこの大自然にとっては一○年や一○○年は一瞬の瞬きにしか過ぎない。その一瞬の時間の中で生かされている私たち人間の存在をどう考えようか。

新型コロナウイルスの世界規模での感染状況に抗する私たち。マスク着用や手洗いの励行。そしてリモート学習やリモート勤務など、いつ終わるとも知れない、こうしたこれまで体験したことのなかった日々が、私たちの日常になろうとしている。

こうして、一〇年に一度の、あるいは三〇年に一度の、あるいは一〇〇年に一度の疫病や自然災害に見舞われる私たちの非日常がゆっくりと私たちの日常になる。

しかし、それは地球にとって、あるいは大自然にとっては単なる一瞬の日常でしかない。私たち人間の非日常は悠久の時を刻む地球の、あるいは大自然の一瞬の日常なのだ。

だから、私たちは個として生きることも大事だが、類として生かされているという思い、感情を抱くことも大事だと思うのだが……。

二月二六日（金）「うちゃー花粉症じゃけー」

毎朝、さつき園にやって来ると、必ず事務所や厨房や園長室に顔を覗けて「お早う！」のあいさつをするのが日課の〇〇さん。

その〇〇さんはこの時期になると必ず、「うちゃー花粉症じゃけー鼻水が止まらんのんよ」と、毎朝のあいさつの後に続けます。

今朝も「お早う！」と言いながら園長室のドアを開けるなり、「あのね、うちゃー花粉症じゃけー鼻水が止まらんのんよ」と、さも辛そうに言います。

「そうか。花粉症かぁー、そりゃ辛かろうのー」と私。

すると今朝はそれに続けて、「じゃけー、今日も鼻水が出て止まらんのよ」とマスクの上から鼻を摘まみながら言います。

「えっ？　今日も鼻水が出て止まらんのかいねぇ⁉　あのね。今日は雨が降りよるけーねー、花粉は飛ばんのんよ。ラジオの天気予報の人がそう言いよったでー」

「うーん、そうかね」とちょっと目が泳いだように見えた〇〇さん。

「あのね、雨が降ると花粉は雨に濡れて地面に落ちるんと。じゃけー花粉は雨の日は飛んでないんと」と私。

「ふーん、今日は飛んでないんか」と言って、そそくさと園長室のドアを閉めていく〇〇さん。

〇〇さんにとって、花粉症は周りの人の関心を呼ぶ大事なアイテムなのです。

知的障害の人の中には、ちょっとしたケガや風邪気味で軽く咳などが出ることを回りの人に心配してもらうための、大事なチャンスにしている人がいます。それは知的障害の人たちは自分のことを優しく心配してもらうことを、その人生の中であまり体験することがないからなのではないかと思うのですが、どうでしょうか。

だから、そんな時、私たちは優しくちょっと心配してあげるのです。

なのに、今日はちょっと〇〇さんに悪かったかなあーと、雨の音を聞きながら、少し反省しています。

三月二四日（水）　保育実習生に思う

二月の第二週から先週末までの六週間に、各二週間ずつ三人の保育科の実習生をさつき園で受け入れました。三人とも出身が地元の周防大島町で、地元の障害者の施設・事業所での実習を望み、さつき園での実習となったのです。

いつものことながら、実習生がやって来るのを何よりうれしく思うのは利用者です。ですので、今回の三人の実習生も利用者としっかり関わりながら、そして職員の利用者支援の様子をしっかり見聞きし、体験する中で、大いに感じるものがあったようです。

それは提出された三人の実習日誌の文章からも十分に推測されました。担当職員によると、一人はますます障害者支援志望に傾いていき、また一人は幼稚園や保育園を志望しているのを「障害者支援も考えようかと思います」という感想を漏らしていたようです。

彼女たちの将来の職業に結びつくかどうかにも関心がありますが、それより何より、私はさつき園でのたった二週間の実習で、さつき園に通う利用者のことを身をもって体験してくれたことがうれしいのです。それが彼女たちが障害者への偏見や差別のない人生を歩む原点になることを願うのです。そしてその生き方が彼女たちの周りの人たちにゆっくりでも伝わっていくといいなあ、と思うのです。

そうした輪が広がると、世間はもう少し誰もが住みやすくなる……。

こうした若い世代への、障害者福祉に携わる私たちのアプローチも、私たちに課せられた使命の一つと思います。

三月三一日（水）　ブログ「園長室」終了のお知らせ

皆様、長年、このブログ「園長室」をお訪ねいただきありがとうございます。皆様の温かいお心を感じつつ、平成一七年（二〇〇五年）七月一四日から本日までブログ「園長室」を続けてまいりました。私にとってブログを綴ることは緊張の瞬間ではありますが、すこぶる楽しい時間でもありました。しかしながら、このたび勤め先の社会福祉法人さつき会の定めにより、本日、令和三年（二〇二一年）三月三一日を以って、さつき園園長を退職することとなりました。従いまして、「園長室」の園長が園長を退職しますので、このブログ「園長室」も本日を以って終了といたします。

皆様にとっては何と突然のことかと思われましょう。誠に申し訳ございません。お顔を存じ上げない方も大勢おられます。また、時には思いもかけない方がこの「園長室」をご訪問してくださっているとお聞きすることもあり、うれしく思うことでした。

長年おつき合いいただきました皆様とお別れすることは、何より残念至極の心境です。近い将来にまた新しいブログ名でブログを立ち上げるつもりでおりますので、その節はまたおつき合いいいただけるとうれしく思います。

園長を退職しても、障害者福祉やそれらに関する事柄、また折々の思いを綴っていこうと思います。どうぞ皆様、これまで同様にまたおつき合いいいただきたく、よろしくお願いいたします。長年のおつき合い、誠にありがとうございました。

令和三年度

四月一〇日（土）　ブログ新装開店（?）のごあいさつ

先月末日、令和三年三月三一日に社会福祉法人さつき会さつき園園長を退職いたしました。さつき会さつき園には平成八年九月一日から二四年七ヵ月お世話になりました。今は退職直後ですので、自身の中にはいろんな思いがあるのでしょうが、言葉になりません。

そして、施設長を退職しましたので、現在の一般財団法人山口県知的障害者福祉協会の会長としてはこの六月の評議員会までの任期となります。福祉協会では施設・事業所の施設長でないと協会の役員にはなれないのです。

しかしながら、完全に障害者福祉との関係がなくなったわけではありませんので、これからもよろしくお願いします。それは社会福祉法人山口県社会福祉協議会内に事務局を置く、山口県障害福祉サービス協議会（ホームページをご覧いただくとありがたいです）という組織は個人会員を認めていることから、「引き続き会長を務めよ」と理事等の皆さんのご理解ご承認をいただいたからです、

ですので、障害者福祉とはその関係者として、そして何より〈類〉の中の〈個〉として、これからもしっかり向き合って行こうと思います。

どうぞ、倍旧のご理解、ご関心、ご指導、ご支援をよろしくお願いいたします。

以上、ブログ新装開店（?）のごあいさつを申し上げさせていただきました。

なお、この四月からのブログのタイトルは『さらばさつき園園長室』としました。ただし、これまでの『園長室』でもアクセス可能ですので、ご活用ください。

四月一三日（火）　池江璃花子の奇跡

急性リンパ性白血病から日本女子水泳競技の第一人者の池江璃花子が復活した。いったい誰が彼女のこんな早期の第一線への復活を予想しただろうか。

二〇一九年二月、急性リンパ性白血病の診断を受けた彼女は、直後はショックで大泣きしたという。しかし生来のポジティブさで、一年開催が延期された東京五輪への挑戦を切り替え、次回二〇二四年のパリ五輪を目標にしての闘病生活を開始していた。

この復活は様々なことが必然的にも、偶然的にも、彼女を復活させるべくその一点に集中したのだと思う。そこにはもちろん本人の体力、精神力、家族の努力もあった。そしてもちろん医学の力もあった。関係者の努力、支援もあった。多くの人々の励ましもあっただろう。

しかし私は、それらを超えて、彼女には三歳から始めたという水泳が、泳ぐことが「何より好きだ」という、本人の自覚を超えた無意識の、彼女の命の在りようがこの奇跡の復活をもたらしたのだと思う。

「あれをしたい」「これをしたい」ではなく、本人すら自覚していない無意識の深部で本人の命が本人に与えている命の表出ということがあるのだ。私たちは「好きこそ物の上手なれ」と言うが、そこに向かって本人が性根を据えて、長年一心に努力を続ける時、研ぎ澄まされた命は稀に、本当に稀に自他をも巻き込んで、奇跡をもたらすのではないだろうか。

しかし、しかしだ。あまりに早い彼女の復活を知らされて、私は果たしてそれを信じていいものかどうかと戸惑ってもいるのだ。

果たして、彼女に奇跡は起きたのだろうか。

四月二三日（金） 退職して三週間

さつき園を退職しておよそ三週間が経った。それまでの仕事すべてから退いたわけではないので、気持ちや気分はいささかも退職前と変わらない。ただ、時間に追われる感覚は薄れている。

スマホとパソコンとメールとFAXと郵便、そしてWeb画面等を使って、与えられた仕事に携わっている。時々、出張ることもある。

ただ、利用者に会えないのが残念至極だ。これまでいかにたくさんの滋養と気力、そして温もりとユーモアとを利用者から与えてもらっていたかをしみじみと感じている。

私は園長という立場の者としてではなく、お互いに〈類〉を生きる〈個〉同士として、真摯に利用者との時を過ごしてきた。それらのかけがえのない多くの時が私の精神を育て、私に志を宿してくれた。

私はこれからどんな道を行くのだろうか。どんな道を歩こうとしているのだろうか。

歩き続けるからには、遠くまで、遥か遠くまで、おとがいを上げてその道を歩いて行こうと思う。

五月一二日（水）　呆れた物言い

今や、名の知れたアスリートと呼ばれる人たちを始め、中・高校生から一般のスポーツ選手に至るまでが、こう口にするのをテレビ、新聞などで見聞きする。

「人々に元気を与えたい」(!?)

驚くべき発言だ。

彼らのパフォーマンスやその結果から、たまたま「元気」なるものを受け取った側が「元気をもらいました」というのはあり得ることと思う。

しかし、だからと言って、結果的に元気を与えたことになる側の人間が先走って、

「元気を与えたい」

と言うのはいかがなものか。

いったいどこに立っての物言いなのか、と呆れてしまう。

障害者に対する〝してやってる感〟と同じニオイがする。

五月一七日（月）「古川さんも気をつけてね」

先週、さつき園の利用者〇〇さんから携帯に電話がありました。

「はい、古川です」

「あー、〇〇じゃけどー」「おー、〇〇さんかねー」

「うん、〇〇です」「おー、元気かねー」

「うん、元気よー」「そりゃーよかった。で、どうしたんね。何かあったんかねー」

「いいや、なんもないけど、コロナがはやっとるけー、心配じゃったけー電話したんよ」

「おーそうかそうか。そりゃーありがとね。今、コロナがえらいはやっとるけぇねー。心配してくれてありがとね」

「うん、用心しんさいね」「はい、用心しますよ。〇〇さんも気をつけんさいよ。マスクしちょるかね」

「うん、マスクしちょるよ。古川さんも気をつけてね」「はい、気をつけるよ。電話、どうもありがとね」

「じゃーね。古川さん、気をつけてね。さいなら」「はい、さいなら。〇〇さんも元気でな」

「はい、ありがとう。さいなら……」

安心したように、〇〇さんは電話を切ります。

以前から、○○さんは台風が発生するたびに、「園長さん、台風が発生したよ」と言って、休みの日でもよく携帯電話で私に教えてくれていました。それも遥か遠くの南の海上に発生した台風で、その進路がまだどうなるかは分からないような時でも電話をしてくれていたのです。私は、その電話の最後の「園長さんも気をつけてね」という言葉を聞くたびに、○○さんの心根の優しさをしみじみ感じていました。

ところがこの日はもう一つ、思いがけず「しみじみ」したことがありました。それは、これまで私のことを「園長さん」と呼んでいた○○さんが、その電話では「古川さん」と呼んだことです。

携帯電話の先で、○○さんが私を「古川さん」と呼ぶのを聞いて、私はこれまで長年慣れっこになっていて、私自身は園長と利用者という関係に拘泥してはいなかったけれど、○○さんたち利用者からすれば対等な関係ではなく、極端に言えば、この人の言うことは嫌でも従わなくてはならないという関係なのだ、と無意識のうちに感じていたのではないか、と思い至りました。

○○さんは周りの誰かから「もう園長さんじゃないんじゃけー、園長さんちゅうて呼んじゃぁいけんのんよ。古川さんなんよ」と言われたのかもしれません。が、よくぞ「古川さん」に、これまでと同じように電話をしてくれたものだと、しみじみ○○さんに感謝したことでした。

成人の障害者を呼ぶのに「～ちゃん」と呼んだり、名前の呼び捨ては止めよう。子ども扱いは止めて、まず名前の呼び方から直して、その人の人権を尊重しよう……。私はこれまで至る所で、ことあるごとにそう発言してきました。

今、「園長さん」から「古川さん」に戻った私と○○さんたちとの関係は、お互いに「○○さん」「古川さん」と呼び合う、一個人同士の関係になったのです。

六月二八日（月）　この木なんの木　気になる木……（追悼　小林亜星）

この木なんの木　気になる木
名前も知らない木ですから
名前も知らない　木になるでしょう

（「日立の樹」作詞：伊藤アキラ　作曲：小林亜星）

この曲もあの曲も、そしてこの歌もあの歌もか……と、びっくりするほど多くのコマーシャルソングやアニメソングを作曲し、しかも演歌も手がけていた作曲家小林亜星が亡くなっていた（先月五月三〇日死去）。

一九六〇年代（昭和三〇年代半ば）から一九九〇年代（平成年代前半）にかけて、彼が作曲したテレビのコマーシャルソングやアニメソングは令和の時代の今にあっても、その品のいい明るさと、ほっとする温もりと、心地よい親しみを私たちに感じさせている。

　肥満体型でしゃべりの活舌もさほど良くはなかったと記憶しているが、ある時期、彼はテレビドラマに出演して頑固オヤジを熱演した。そこでは、若きスター歌手だった、今は亡き西城秀樹を相手に本気で取っ組み合いの親子げんかを演じて見せた。彼の気持ちが入りすぎたのか、息子役だった西城は勢い余って縁側から庭に投げ飛ばされて、腕を骨折したほどだった。毎週、びっくりするやら大笑いするやらしながら見ていたのを思い出す。

　そんな一面もある彼は、曲作りでは誰もが歌いやすいようにと、できるだけ一オクターブの音域の中で、鼻歌でも歌えるような曲作りを目指していたという。常に受け手のことを思う、プロとしての矜持があったのだ。

　歌は祈りだ。

　しかし、歌も詞だけではそこに込められた祈りが、日々の繰り返しの生活を生きる私たちの身に染みてくることはない。詞は曲に乗せることで私たちの生活の中で歌になり、身に染みてくる。そうした祈りである歌を、私たちは日々、自身でも思いかけないタイミングで口ずさみ、己を支えている。

　彼は、明るく楽しい面白い詞に、明るく楽しい曲をつけて、明るく楽しい面白い歌にした。そんな詞がそんな曲に出合って、たくさんの歌になって、今も私たちの身に染み込んでくる。そんな時代を私たちは作曲家小林亜星とともに生きてきた。そんな時代に彼は寄り添っていたのだ。

くまの子見ていた　かくれんぼ
おしりを出した子　いっとうしょう
夕やけこやけで　またあした　またあした
いいないいいな　にんげんっていいな
おいしいおやつに　ほかほかごはん
子どものかえりを　まってるだろな
ぼくもかえろ　おうちへかえろ
でんでん　でんぐりがえって　バイバイバイ

（「にんげんっていいな」作詞：山口あかり　作曲：小林亜星）

七月七日（水）　熱海　土石流

東海道新幹線熱海駅。まだ一度も降りたことはない。
つい最近まで、毎年三回ほどの所用で上京するたびに「のぞみ」で通過していた。熱海駅が近くなると山側の景色が車窓間近に迫ってくるので、通過するたびに視線を上げて、その急斜面に立つ家々を追っていた。それは、ほんの二〇分ほど前に、雄大な富士の姿を新幹線の窓いっぱいに見ていた身からすると、途轍もなく窮屈に感じる瞬間だった。

「よくこんな窮屈な土地に住んでいるなぁー」と毎回感心していたものだ。

けれど、海も近く、日本でも有数の有名温泉地でもあり、大都市東京からも近く、アクセスもいい。だから、海岸と道路と鉄道が狭い土地の間を並走し、住居は山側の急な斜面を背後にして建てるしかない土地であっても、人は集まって来たのか。

私は熱海駅は通過するばかりだったから、熱海の温泉のことは分からない。熱海の海岸も尾崎紅葉『金色夜叉』の貫一がお宮を足蹴にするシーンを想像するだけだ。

七月三日（土）。テレビ報道で、視聴者からの投稿という熱海市で起きた大規模な土石流の映像を何度も何度も見た。急勾配の坂を黒い大量の濁流が上流から土砂と木々を巻き込みながら、ぶつかるを幸いに建物をなぎ倒し、カーブしながら勢いよく下っていく。撮影者の声だろうか「うっそー‼」という悲鳴も聞こえた。

私たちはその人生で、目の前の景色が一瞬にして予期せぬほど大きく変貌する、変貌してしまうという体験をそうそうするものではない。テレビの画面に映っていた人たち。土石流から逃れようと懸命に走る数人の姿を確認したが、どんな思いだったろうか。あっという間になぎ倒されて土石流に飲み込まれた家屋の中には人がいただろう。

長年、新幹線で通過するたびに、いつか熱海に降りてゆっくり温泉につかってみたいなぁーと思っていた。
その思いが哀悼に変わった。

七月三〇日（金） 正々堂々が見えない（東京オリンピックをテレビ観戦して）

先日、テレビのオリンピック中継で、日本対フランスのサッカーの試合を見ました。サッカーはラグビー同様、体と体がぶつかり合う団体競技なので、選手同士の接触が頻繁に起こります。時には接触というよりも衝突、激突と思えるほどの場面も珍しくありません。審判はそれをホイッスルやイエローカードやレッドカードで警告し命令し、試合をコントロールしていきます。

思わぬ点差（日本―フランス 四対一）になったのでイラついたのか、その試合ではとてもサッカーのプレーとはいえない、フランスの選手の危険な行為がありました。フランスのある選手が日本の選手の背後に迫り、他の選手とボールを取り合うために踏ん張っていたその日本選手の右足のふくらはぎを思い切り踏みつけたのです。驚きました。踏まれた日本選手は「うっ！」とうめき声を上げて、その場に崩れ落ちてしまいました。

審判が確認したビデオ映像には、その選手がボールを取り合っている日本選手の背後に近づいて、右足のふくらはぎを思い切り踏みつけているのがはっきりと映っています。それを確認した審判は即座にレッドカードを示しました。それまでは「俺が何をしたというのだ。俺は悪くない」と身振り手振りで叫んでいるように見えたその選手。何かを言いながら不貞腐れた様子で退場して行きます。

こうした接触の瞬間の悪質なプレー。あるいは大事な局面での際どいプレー。それらの判定に今はビデオ判定が採用されています。

けれども、数あるスポーツの中でもサッカーほど、こうしたラフプレーと思われるようなプレーに寛容な（？）スポーツはないと思います。例えば、ボールを追っている選手同士がぶつかってどちらかが倒れると倒れた選手は多くの場合、「すねを蹴られました。ここが痛いです」あるいは「顔を殴られました。ここが痛いです」とでも言うように、痛がって転げ回るか起き上がらないかしてアピールします。それは選手の疲労回復や試合の流れを変えるための時間稼ぎでもあります。それがうまくいって相手がファールを取られれば、自分たちに有利な流れにもっていけるのです。そんな時、審判は毎回毎回ビデオで確認することはしません。いちいち試合の流れを止めることはせずに、その場の自分の判断でジャッジしていきます。ですので、審判のジャッジが妥当かどうかは確かめられることはありません。しかし、テレビではその時のビデオ映像が出ます。それを見ると、さほどの接触や衝突でもないのに脚や顔に手を当てて痛がっているのが大半です。

こうしたオーバーな演技も「サッカー」というスポーツなのだ、ということでしょうか。それもこれも全部含めて、サッカーではこうした味方に有利に働く行為をテクニックとして磨く必要があるということなのでしょうか。

でも、それはちょっと危険な気がします。子どもたちへの影響が心配です。基本や技術をしっかり身につける前に、そうした小手先のラフプレーやオーバーな演技、誤解を恐れずに言えば嘘事をアピールして、自分たちに有利に試合を展開することを覚えてしまって、内心「勝てばいいんだ、勝てば」とうそぶく人間にならないだろうか。「勝てばチームもファンもほめてくれるし……」果たして、それでいいのか……。子どもたちが目先の勝ち負けにこだわり続け、そして彼らがまた大人になって、同じことをその時の子どもたちに教え込み、内面に刷り込む。果たして、それでいいのか……。

それは、障害者への差別と偏見の連鎖が止まないのと同じ構造をしています。残念ながら、今、私にはサッカーというスポーツ競技に「正々堂々」という精神は見えません。

八月二四日（火）　テレビCM

（病院の検査着を着て長椅子に並んで座っている二人の男の、健康診断の結果表を見ながらの会話）

おぎ「この八九ってなに？」

やはぎ「腹囲でしょう。お前、けっこうすごいねえ！」

おぎ「福井かぁ〜。行きたいなぁ〜」
やはぎ「腹囲だけどねぇ〜」

このテレビCM。いつ見ても、何度見ても、つい笑ってしまう。漫才コンビのおぎやはぎ。彼らの喋りと表情、そして間の取り方が絶妙だ。いきなり余談です。昨今のテレビコマーシャルは本編の放送時間の尺稼ぎとしか思えない作品が大半だ。製作者は映像と音楽と言葉を駆使したつもりなのだろうけれど。例えば、ビールや発泡酒の新商品のコマーシャル。どうして揃いも揃って、タレントに新商品を飲ませて、その感想を言わせる代物ばかりなのか。例えば、新発売のビールのコマーシャルでも、その新発売のビールを飲まないコマーシャルを作ってみようなどとは思わないのだろうか。競って飲むシーンばかりなのは大スポンサーの意向ということなのだろうか。プロとしての気概を持とう、と言いたい。

腹囲《ふくい》と福井《ふくい》。「福井県」は知っていても、それまで、「腹囲」という言葉を聞いたことも見たことも読んだこともない人にとって、「ふくい」は「福井」としか思えない。テレビニュースで「おしょくじけん」と聞くと、今でも、とっさに「お食事券」と思ってしまう。当時、それが「汚職事件」だということは少年の私には初耳だったのだ。

言葉はまず、自分の中にインプットされないと表出はできない。人生はまず「聞く」ことから始まる。そして話す。そして読む。そして書く。そしてそういう中で、人は感じ、考えるのだ。インプットする言葉が増えなければ、感じることや考えることは停滞してしまう。それでも身近な親や家族、親しい人は察してくれるかもしれないが、第三者で成り立っている社会では通用しない。おぎやはぎはそこをうまく突いて、ほのぼのとした笑いにしている。テレビ大好き人間の私は、「さすが」と感心しきりなのだ。

八月三一日（火）　東京パラリンピックの光芒

その日は東京パラリンピック二日目でした。用があって車で出かけた帰り。用を済ませて駐車場に戻った私は、ムッとする暑さの車内と、熱くなっていたハンドルを冷やそうとカーエアコンを強めにします。いつもならラジオを聞き流しにするのですが、その時、私はふとパラリンピックを見ようと思い、カーテレビにして、その時中継していた競泳競技を見たのです。

前日が開会式で、まだ大会二日目でしたが早くも女子一〇〇m背泳ぎは決勝が行われようとしていました。ちょうどアナウンサーが日本選手を紹介しています。今回の日本選手団全体で最年少の一四歳、中学三年生だと言っています。思わず、身を乗り出すようにして画面を見つめ直しました。

小柄の彼女。生まれつき両腕がなく、脚は左右で長さが異なると言います。びっくりしました。そんな少女が泳ぐの？　しかも世界を相手に泳ぐの？　両肩を巧みに動かしながら姿勢と進む方向を保つのだそうです。スタートしてしばらくすると、泳ぐ彼女が画面にアップになります。両脚のキック力の強さが弾けていく水しぶきでよく分かります。その結果。何と、二着!!　銀メダルです。途中、夢中で応援していた私は二度びっくりです。

インタビューに明るくはきはきと応える彼女を見ながら、彼女の命の中には私などの想像力が及びもつかない膨大な数の大きな闘い、小さな闘いが結晶しているのだと思いました。想像もつかないそれら無数の結晶が今、この時、一つとなって結実したのです。

「高齢者の歩く道はみんなが行く道だから、社会はみんな自然に高齢者福祉に関心を持つ。でも障害者の歩く道は障害者しか、その関係者しか分からない。なので社会がみんな関心を持つとは限らない」「だから私たちは障害者の歩く道を想像し合い、その道を少しでも歩きやすくするのだ」

機会あるごとに、私はそう発言してきました。しかし、彼女たちの、この社会での存在をかけた命の闘いは、私の想像を遥かに超えるものだと気づかされたのです。東京パラリンピックの発する光芒は眩しい。

九月七日（火）　ボッチャ競技に思う

東京パラリンピック

ボッチャ競技
柔らかい感触の　赤と　青と　そして白のボールを使って
その技を競う室内競技
ルールは簡単だけど　技は細かい
ボールを転がす　放る　投げる
そして　寄せる　弾く　乗せる　それが技の基本
テレビでボッチャの面白さをどきどきしながら堪能した
しかし
私たちのボッチャは　ルールに囚われずに
強くも弱くも　とにかくボールを投げる　放る　あるいは転がす
その結果はすべて　偶然の中にある
ルールに囚われずに　とにかく六個の球を放る　投げる　あるいは転がすのだ
そして　どう転がろうが　どこに転がろうが
弾こうが　くっつこうが　ほかのボールの上に乗っかろうが
その偶然の結果をすべて　受け入れるのだ
そのとき　私たちに思わず　拍手と歓声が訪れる
私たちの誰もが　その偶然をすべて　素直に受け入れることができれば

私たちは　障害の有無や　障害の種別を超えて
ともに穏やかに　この社会に存在できると　思った

およそ二週間。テレビでさまざまな競技を見ながら、いろいろなことを思い、感じ、考えさせられた。そんな東京パラリンピックだった。

九月一七日（金）　口舌《くぜつ》の徒

三月末に退職しておよそ半年。自分でも驚いていますが、その間に一五冊の本を読んでいました。中身を読み飛ばした本も数に入れると二〇冊近くになります。

その中で、「むー」と読みながら唸ってしまった文章があります。

それは長年、マスコミの最先端で働いてきて、定年を迎えて退職した人の書かれた本で出合いました。

内容の一部を要約しますと、「日本が農業国から工業国へ変化していく過程での、農山漁村から都市への人口の流出、あるいは大家族が崩壊し、核家族へ移行していく等々の社会現象に関する種々のデータを私は仕事柄、広く人々に知らせはするが、それらのデータはあくまで仕事のためのデータに過ぎず、自分の実感にはなっていなかったのです」という内容でした。

続きの文章を本文から引用します。

「私は、（中略）この過疎の実際の姿を全く知らなかった自分を、ジャーナリストとして恥ずかしいと思いました。その時の気持ちは（中略）今も、胸の底につかえています。私はしょせん口舌の徒に過ぎなかったのでした」

読んでいた私は、果たして我が身はどうかと振り返り、思わず「むー」と唸ってしまっていました。

「私はしょせん口舌の徒に過ぎなかったのでした」

厳しい言葉です。

十月九日（土）　障害者とは誰のことか

皆様、お久しぶりです。

八月末から九月上旬にかけて東京パラリンピックが開催されました。このことで私たちの社会の障害者への関心や理解は少しだけ進んだように見えます。

東京パラリンピックに各国を代表して参加したアスリートの多くは身体障害者と呼ばれる人たちで、彼らは自分に残された他の身体機能を鍛え、研ぎ澄まし、高め、そして科学・医学・工学の粋を集めたであろう補装具をも使いこなすなどして、それぞれの競技に挑んでいました。

そうしたパラリンピック競技のテレビ中継や録画放送を見ていると、競技の様子を伝えているアナウンサーや解説者の彼らは、「障害者」という言葉を当たり前のように口にしているけれど、果たしてその言葉に例えば知的障害者は含まれているのだろうか、という素朴な疑問が私に残りました。

私の知っている知的障害者と呼ばれている人たちの多くは、人の言うことがうまく理解できない、自分のこともうまく説明できない。けれどもどこまでも優しく、素直で、そして穏やかな人たちです。

その知的障害の人たちへの差別や偏見が今日に至るまで、この社会からなくならないのは何故か。それは彼らの存在を受け入れがたいとしてきた、私たちの社会の価値観、人の命に対するこの社会に深く、無自覚に、そして連綿と続くその存在を蔑む価値観の問題だと思います。

だから今、東京パラリンピックが開催されたことで、この社会の「障害者」への関心や理解がどんなにより進んだように見えようとも、社会の人々に芽生えたと見えるそうした関心や理解といった善なる行為が、知的障害者に対する偏見や差別を私たちの社会から取り除き、その命と存在を解放するための価値ある、あるいは意味あることとは残念ながら思えないのです。

あなたの語る障害者とはいったい誰のことなのか。

芽生え始めたかもしれない社会の善なる関心や理解を価値あるもの、意味あるものとするには、私たちの精神が、今の時代と社会を私たちとともに生きる知的障害者の命、その人生にじかに触れ合い、彼らを実感することでしか成しえないのだと思います。

一一月二二日（月）　令和の大谷

以前、平成三一年三月二五日（月）付のこのブログに「昭和の長嶋、平成のイチロー」と題した文章を載せた。今、それに「令和の大谷」を加えたい。

アメリカ大リーグ・メジャーの世界に飛び込んで四年目の今年、全米野球記者協会によるアメリカン・リーグのＭＶＰに、予想通りの満票で選ばれたロサンゼルスエンゼルス大谷翔平。今年の彼は投手としても、打者としてもそのプレーの質の高さは群を抜いていた。日本にいた時も、アメリカに渡ってからもかまびすしかった投打二刀流挑戦への賛否。

彼は高卒の新人として日本ハムに入団したのだが、その時の監督が栗山英樹だったことが彼の野球人生を大きく前進させた。イチローに監督仰木彬との出会いがあるように、大谷には監督栗山英樹との出会いがあった。二人の監督に共通するのは監督として偉ぶらないこと。そして選手の個性を受け入れ、それを伸ばそうとしたことだ。

大リーグでの彼の投打二刀流の活躍ぶりは様々な報道で周知のとおりだ。それは大リーグの歴史を変え、リトルリーグからプロ野球、大リーグへと連なるすべての野球選手のプレイヤーとしての在り方を大きく変えるものとなった。

そしてそれに加えて、彼の言動も大きな話題になっている。対戦相手選手をリスペクトし、グラウンドでのプレーを楽しみ、笑顔を忘れず、必要以上にオーバーなリアクションをせず、グラウンドのごみはさりげなく拾う。また、がたいもルックスも悪くない。それらは彼を見る私たちをワクワクさせてくれる。

彼は私たちには想像できない、果てのない高みを目指している。まだ社会や人生の、その正体を知ることのなかった少年の彼が抱いていた夢。その夢を二七歳になった今も、彼は持ち続けているのだ。多くはその人生の途中で、社会の構造や育ちの環境に責任を押しつけ、変更や縮小を重ねてすごすごと年齢を経ていく私たち。

しかし、彼は大きな大谷少年となった今も、その夢にまっすぐに向かうことを止めない。

そんな彼を見ていると、私がまだ小学生、中学生だったかの頃にテレビで見聞きした歌を思い出す。

一　野球小僧に逢ったかい　男らしくて純情で
燃える憧れスタンドで　じっと見てたよ背番号
僕のようだね　君のよう
オオ　マイ・ボーイ
朗らかな朗らかな　野球小僧

二　野球小僧はウデ自慢　凄いピッチャーでバッターで

街の空き地じゃ売れた顔　運が良ければルーキーに
僕のようだね　君のよう
オオ　マイ・ボーイ
朗らかな朗らかな　野球小僧

三　略

（「野球小僧」歌：灰田勝彦　作詞：佐伯孝夫　作曲：佐々木俊一）


リズミカルなテンポのいい、明るい歌だ。灰田勝彦の独特のその歌声もいい。

もちろん大谷は、いかにも昭和昭和したこの歌など知る由もないだろうが、一番の歌詞の「男らしくて純情で」と二番の「凄いピッチャーでバッターで」は彼にぴったり合っていると思う。そして繰り返される歌詞「朗らかな朗らかな野球小僧」が常に野球を楽しんでいて、みんなをも楽しくさせている感じが何とも言えず、いい感じだ。ぜひ一度、ネットでこの歌にアクセスして聴いてみてほしいものだ。

先日の日本記者クラブ主催の記者会見の席でも、質問者に対して常に穏やかな表情で丁寧に答える姿は、彼の育ちと性格の良さ、そして何より彼の見ている世界の大きさを感じさせていた。それはいつまでも少年の頃の夢を胸に抱く「野球小僧」大谷の面目躍如といったところだ。

まだ終わってはいない。いや始まったばかりの彼の野球人生がどう展開していくのかは分からない。長嶋もイチローも怪我には十分注意していた。怪我や故障は大敵だ。二刀流ならなおさらのことだ。どうか心身をしっかり鍛え、怪我に気をつけて、自身の果てしない高みの夢に向かって突き進んでもらいたい。

なお、本日、大谷は日本政府からの国民栄誉賞授与の打診を「まだ早いので」とし、辞退したとのことだ。

まだ始まったばかりの彼の挑戦。更なる高みへの挑戦、精進に期待しよう。

一二月一八日（土）　思いがけない言葉

ある日あるところでその少年と会った
少年は緊張の中で　しかし元気な笑顔を見せた
少しずつ話をしながらその生活ぶりに思いを馳せた
話が両親のことに及んだ
すると突然
「親権がお母さんからお父さんに移った」
と言った
驚いた

「親権がお母さんからお父さんに移った」
思いがけない言葉だった
その訳を聞いたが　ここでは明かせない
十代半ばの少年が口にした言葉
親権
十代半ばの少年には似合わない言葉だ
しかも　それが母親から父親に移ったと言う
思えばその時　少年は一瞬逡巡していたか
「親権がお母さんからお父さんに移った」
茫洋たる人生
子どもから大人になる頃
私は果たして親権という言葉を
身近に感じたことがあっただろうか……
口にしたことがあっただろうか……
少年に将来の夢をたずねた
はにかんだ少年の顔に　かすかに笑みが浮かんだ
と思いたかった……

かける言葉に迷っていた
茫洋たる人生
人生のとば口に立つ　少年
その肩をたたき　視線を交わしながら　握手をして
別れた

一月一三日（木）「実事求是」への共感

昨年末、二〇二一年（令和三年）一二月二四日付の読売新聞のある記事の中で、「実事求是」という言葉に出合った。その記事はある大国の政治状況に関する内容であり、ここでの趣旨ではないのではそれについて詳しくは触れない。

しかし、その四文字の熟語を読み、その意味を知った時、私は思わず「おー」と唸っていた。「実事求是」（「じつじきゅうぜ」と読むらしい）。意味は「事実に基づいて真実を求めること」と書かれていた。

それは、その国のある時代のリーダーだった人物の評価・功績に関する記事だった。曰く「彼は下を信用した。自分に何も考えがないことを率直に認め、下の人の思想を解放した」「強力なトップダウンなどの手法と対比されている」などの文章があった。その話題の人物がこの「実事求是」を実践したのだという。

「実事求是」の言葉に出合い、その意味を知った時、どうして私は思わず唸ったのか。

それは、このブログの平成二九年一月六日（金）付の文章「私たちの事実と利用者の真実」に書いたような思いが私にあるからだと思う。少々長くなるが、その部分を以下に挙げてみる。

（前略）

例えば、利用者の○○さんが私とおしゃべりする時の言葉遣いや表情、おしゃべりの内容は、私にとっては事実です。しかし、○○さんが私以外の人（職員や他の利用者、あるいは親、兄弟姉妹など）と話すときに、同じような言葉遣いや表情や話題になるかといえば、そうはならないでしょう。それは私以外のその人にとっての事実ではあるけれど、私の事実ではありません。

私が利用者支援で大事にしていることは、利用者についての私の事実や職員の事実、あるいは親の事実など、できるだけたくさんの事実を共有することです。それは利用者に関するお互いの事実をどれだけ多く共有することができるかが、支援の質を左右する一つと思うからです。とはいっても、私たちがどんなに多くの事実を集めても、そしてそれらをしっかり共有することができたとしても、私たちが○○さんの真実に届くことはできませんが……。

そうした人間存在の不可避な関係性を私たちが自覚し、畏れ、謙虚に控え、○○さんや他の利用者の真実に迫り、真実に触れようとする努力を日々怠らないことが、障害者支援現場において、利用者と私たちのお互いの信頼感を育み、気持ちを通わせることの契機となるものと思います。

（本ブログの平成二九年一月六日（金）付「私たちの事実と利用者の真実」の一部再掲）

このブログを書いた頃から、私は「私たちの事実を集めて、障害者の真実に迫る」という言葉で、障害者支援に関する思いを研修会などの機会に発言してきている。

相手によって話す内容や言葉遣いを少しずつ違える障害者。特に知的障害者と呼ばれている人たちにそれは目立つ。だから私たちは、自分との会話だけでその障害者の思いや気持ちを分かったものとすることはできないのだ。いろいろな立場の人たちと、彼あるいは彼女の会話を集めることで、その障害者の真の思いに迫ろうとすることが大事。

何故なら、知的障害者と呼ばれている人たちは相手と自分との距離を測りながら、例えば自分に都合のいいように、あるいは叱られることのないように、相手を見て、話す内容や言葉を少しずつ変えることがあるのを私は幾度となく経験しているからだ。

それは幼い頃からの彼らに対する社会の人たちの差別や偏見が滲む接し方から、知らず知らずのうちに彼らが学んだ自己防衛の処世術なのだ。決して彼らは嘘をつこうとしているのではない。それをあなたが「彼が私に言っていることとあなたに言っていることは違っている。だから彼は嘘をついている……」と思い始め、そしてそうしたことがたび重なると、あなたの中で「彼は嘘つきだ」となる。そして「障害者は嘘つきだ」となり、「障害者の言うことは信用できない」となって社会に広まっていく……。

こうした目に見える表面だけでの理解では私たちは障害者に限らず、その人の真実に迫ることはできない。その人の真実、いや何よりその障害者の真実は、障害者と呼ばれているその彼、彼女と他の人たちとの間の事実を集め、彼らの来し方から行く末に至る人生に思いを馳せることの中にある。

今、「事実に基づいて真実を求める」というある国の「実事求是」という言葉に、「事実を集めて障害者の真実に迫る」という私の思いとの共通点を見、共感した私は、だから私たちはいつの時代のどんな社会にあっても、個人や社会の事実と真実との危うい関係性の中に生かされているのだと思うのだ。

一月二一日（金）　体温

二年前には、まさかこうして毎日検温するようなことになろうとは、想像もしませんでした。今は毎朝、朝食の前に体温を測る日々です。幸い体調を悪くして体温が高くなることはなく過ごしています。三六度一分から三六度五分の間を上下する私の体温。日本人も世界中の人たちも、大体このくらいの体温が平熱ということなのでしょうか。三六度を下回る人もいるようですが、それも平熱の範囲内となっているのでしょうか。

オンライン、Ｗｅｂ、リモート等々、言い方はいろいろのようですが、対面ではない方法で用を済ませることが徐々に増えてきています。

しかし、幾度か会議や委員会や研修会や講習会などに参加してきていますが、どうもしっくりこず、今一つ、調子が出ません。発言のやり取りに時間差があって、発言がおとなしくなってしまっているように感じることが間々あります。やはり、対話、会話は相手の温もりをその表情や息遣いや仕草から感じながらの方が、より相手の思いも伝わるし、こちらの思いも伝わっているように感じます。オンラインでは身振り手振りで、またちょっとした表情の変化などで、自分の何かの思いを伝えることができません。とてももじれったい思いが残ります。

これからの時代はこれが当たり前になっていくのでしょうね。でもね、オンラインでは私の体温も温もりも、あなたの体温も温もりも伝わらないのです。

果たして、これからの時代の寵児とも言われそうな気配のするＡＩには、体温があるのでしょうか。

二月三日（木）　試算、人口比二・三%

『（前略）知的障害者の頻度は比較的軽度のものを含めると、人口の少なくとも二・三%を占めている。さらに細かく見ると……（以下略）』

これはネット検索していてヒットした「知的障害」に関する百科事典の解説の一部です（出典：日本大百科全書（ニッポニカ）の「知的障害」の項目の解説文から）。

そこに紹介されている「人口比二・三%」は、ここでは冒頭で「前略」として省略した前文から推察すると、我が国における知的障害者の人口比かと思われます。しかし、残念ながらその解説文全文を読んでも、この「二・三％」を割り出した計算過程（例えばどこの地域、あるいはどこの国々を対象とした悉皆調査か何かの結果なのかどうか、など）が不明なのです。なので、この数字の信憑性にはいささか疑問が残ります（解説文の最後に参考文献が多数示されてはいますが、それらの内容確認にはかなりの時間を要すると思われますので、ここでは割愛します。ご了承ください）。

けれども、我が国に知的障害者と呼ばれる人たちがいることは事実です。よって、現在の我が国の人口をおよそ一億二五〇〇万人と見なし、今、この人口比二・三％を当てはめて試算すると、我が国の知的障害者と呼ばれている人の数はおよそ二八七万人となります。この数字が厚生労働省の発表する我が国の知的障害者の数と遥かに一致しないのは、厚生労働省の数字は知的障害者が福祉制度等を利用する際に使用している、都道府県等が発行している「療育手帳」と称する、身分等を証明するための小冊子の発行数に依っているからです。ここには国が触れようとしない、知的障害者に関する長年の福祉課題が眠っています。そこには、さまざまな理由により、必ずしも我が国のすべての知的障害者がその手帳を所持しているものではない、という現実があるのです……。

前置きが長くなりましたが、ここからが本題です。

話を分かりやすくするために、かなり極端ですが、我が国の人口を一〇〇人とします。すると、先の人口比二・三％を当てはめると、我が国の知的障害者の数は数字としては二・三人となります。それを分かりやすく二人とします。その結果、一〇〇人中、二人が知的障害者と呼ばれている人で、あとの九八人はそうではないという人たちになります。

では、皆さんへ質問です。

1　さて、我が国の国民であるあなた。あなたはこの九八人のグループと二人のグループのどちらに属していると思いますか？

2　あなたは今、あなたが属していると思っているグループに入るために、お母さんのお腹の中にいる時、あるいは生まれてくる時、どんなお願い、どんな努力をしたのですか。

二月五日（土）　二人がいてこそ

（前回の続き）

質問1のみなさんの回答は「九八人のグループに属している」でしょうね。

質問2の回答は「お願いや努力はしていない」あるいは「そんなことあり得ない」といったところでしょうか。二問とも愚問でしたか。失礼しました。

では、三つ目の質問です。

3　二人と九八人。どちらのグループに属したとしても、生まれてくる本人の願いや努力とは無縁の（そんなことはあり得ないという）、たまたまの結果です。そうして、私たちはたまたま障害がある人、障害がない人、として生まれてきた命です。

では、どうして、お互いがたまたま生まれてきた結果の命なのに、二人のグループは九八人のグループから差別を受けたり、偏見を持たれたりするのでしょうか？

質問には皆様それぞれで自問自答していただきたいと思います。以下は私の自問自答です。

前回の例え話の続きです。一〇〇ピースで完成するジグソーパズルは九八個のピースをはめ込んだとしても、完成ではありません。残る二・三％の二個のピースを型どおりにはめ込んで、一〇〇人となってこそ完成なのです。我が国は一〇〇人がそろって我が国なのです。九八人がそろったとしても、それは我が国ではありません。二人を合わせて国民一〇〇人。それで我が国なのです。二人がいて、彼らが人口比二・三％の知的障害を負っているから、たまたま九八人は知的障害を負っていないのです。自分に知的障害がないのは二人の存在、二人の命のお陰なのです。その二人のお陰で、あなたは、私は、たまたま知的障害者とは呼ばれない人生を生きているのです。

そんな私たちに、二人を差別したり二人に偏見を持ったり蔑んだりする権利や資格があるでしょうか。二人がいてこその私たち九八人なのです。そして一〇〇人がそろっての我が国なのです。

3　どうして、お互いたまたま生まれてきた結果の命なのに、二人のグループは九八人のグループから差別を受けたり、偏見を持たれたりするのでしょうか？

私の回答：それは、私たちが私たちの社会の価値観を漫然と、無意識に、無自覚に受け入れれているから。

二月一三日（日）　推敲過程

北京五輪が始まり、テレビや新聞が元気な毎日です。
そんな日々の先日、たまたまあるテレビ番組を見ていて思ったことです。

菫《すみれ》ほどな　小さき人に　生れたし

この俳句の作者は夏目漱石。
漱石は推敲を重ねて、その結果、この句に至りました。その元の俳句は、

菫の様な　ちいさきものに　生れたし

漱石はどういう推敲過程を経て、初めに紹介した句に辿り着いたのでしょうか。
どうして「菫の様な」を「菫ほどな」としたのでしょう。
どうして「ちいさきものに」を「小さき人に」にしたのでしょう。
そして、どうして「生れたし」はそのまま「生れたし」としたのでしょう。

テレビで紹介するコメントを聞きながら、私は逐一、その過程を知りたい、辿りたいと思いました。

どんな形や方法であれ、表現されたその思いが最終的にそこに辿り着く過程に関心を寄せ、その過程に執着したいのです。果たして、この最終的な表現に至るまで、漱石はどんな推敲過程を辿ったのでしょうか。

その表現された結果を受け取る人間がどう受け取るかは、表現者の問題ではありません。どう受け取るか、どう受け取ったか。それは受け手の属する社会の問題となりましょう。

表現された結果から、その句にまつわることをあれこれ考えたり、感じたりすることも大事だけれど、どういう推敲の過程があっての結果なのかに関心をもつことは、さらに大事なことだと思います。

昨年三月に、障害者福祉現場の仕事を退職してから、およそ一年が経ちます。そこで長年つき合ってきてくれていた知的障害者と呼ばれている人たち。彼らが私にそのことを教えてくれたのです。自分の思いを伝えるのに、彼らはどんな形や方法であれ、どんなに一生懸命だったか。私は忘れないのです。

二月二七日（日）　予定調和の破綻

「力による現状変更をひとたび許せば世界は深い闇に覆われかねない。」

（読売新聞二〇二二年二月二五日夕刊「よみうり寸評」から）

ロシアのウクライナへの侵攻が始まってしまった。世界が「まさかそこまでは」と高をくくっていたかもしれない強権国家ロシアの動き。その「まさか」が現実となった。今のロシアの権力者にとって西側諸国からの圧力は、想像以上に危機感をもたらしていたのか。その反動は一人の権力者の焦燥感によって同胞他国への軍事力による侵攻となって現実となった。過去の失地を回復したいという扁平な思想に諾うところなどない。

私たちにとって予定調和だった世界の国々の現状認識に油断があったということか。この暴挙がかの国々を刺激しかねないと危惧する向きもあるが、こうした国家や民族や宗教などの対立によって起こる綻びは、常に人間の死をその代償として求めてくる。

精神がおかしいんだ、と言ってみても、予定調和が破綻した現実に収まりがつくわけではない。果たして、経済制裁はどこまで有効に作用するのか。

深い闇から世界はいつ生還できるのだろうか。不安な疑問符ばかりが湧いてくる。

三月一〇日（木）　ある図書の紹介で

ある社会福祉の団体から、三冊の図書を紹介する原稿の執筆依頼がありました。その中の一冊で、以前から私が関心をもっている事柄に関する文章に遭遇したので、紹介します。

障害は個性だという人がいる。
でももし私が歩けなかったら、聴こえなかったら、「あらあなた、それは個性なのよ」などと他人には言われたくない。家族にも友人にも言われたくない。言ってもいいのは、自分だけ。自分でそう思って、そう言うのはいい。けれど、親の気持ちは違う。少し違う。
口には出さないし、いつも思っているわけじゃないけれど、心の中では、「もうしわけない」――そんなふうに思うことがある。

（書名：『さわこのじてん』　著者：今《こん》美《み》幸《ゆき》　今《こん》佐《さ》和《わ》子《こ》　出版社：北海道新聞社）

著者は聴覚、知的、四肢に障害がある娘の母親です。安易に「障害は個性だ」などと言いますまい。他人の人生への想像力が貧弱になってきているように思います。「共生社会」という言葉が恨めしくなります。

令和四年度

四月一四日（木）　類としての未熟

テレビのニュース番組はよく見る。夜の食事をしながら見るのが習慣になっている。いつもは、ああでもない、こうでもない、などと言いながら見ている。

しかし、今、ニュース画面を見ても言葉を発することができないでいる。いや、発するとんでもないことを言い出しそうで、じっと噛み殺している。私にはそのニュース映像を見、聴きしながら、今、私はここでこうして食事をしているという違和感。戸惑いがある。それはこれまでには感じたことのない重い感覚だ。

文字にすると嘘になりそうな生々しい映像と音声。子どもから大人に至るまで、すべての人間から一切の笑顔が画面から消えた。

どんなに言辞を弄しても、亡くなり破壊されたものは元へは戻らない。私は悲しみや怒りを超えたその先の感情を表す言葉を知らない。

人種、民族、宗教、国家と個。歴史と現在。政治と宗教。事実と嘘と真実。組織と個人。思想と行動。権力と自由。愛と憎悪。個と類。そして連綿と続く人類の生と死。

人類は類としてこの地球上に出現して以来、およそ五〇〇万年が経ったとされる今でも、長い時間をかけて自分たちが勝ち取ってきたと自負する目覚ましい（？）科学技術の発達に比して、自らの類としての精神がいかに未熟のままであるのかを思い知らされているのだ。

五月一〇日（火）　街角ピアノ

駅ピアノ。空港ピアノ。街角ピアノ。好きなテレビ番組だ。

日本各地に限らず、ピアノは世界の主立った国の鉄道の駅、空港ロビー、街角のビルの一角、等々にも「どうぞお気軽にお弾きください」とでも言うように置いてある。ピアノには弾く人を撮影するための小型のカメラが数ヵ所設置してある。

そこを通りがかってピアノを弾こうと思った人はピアノが空いていたら、周囲を気にしながらも黙って椅子に座って弾き始める。弾き終わると、撮影スタッフが彼や彼女にいくつかの質問をしているようだ。答える様子が音声とともに映る。スタッフの顔や声は画面には出ない。それがいい。あくまでの主役はピアノと、そのピアノを弾く人と、たまたまその演奏を気にしながらも、近くを行き交う人たちなのだ。

そしてスタッフからの質問への受け答えで、見ている私たちは弾いた人の人生の一端を垣間見ることになる。小中学生くらいからご高齢の方まで、男女を問わず、家族の状況も、職業も、生活振りもいろいろ。その日そのピアノに出合うまでの行動も様々。ピアノを弾くようになった経緯も様々。

残念ながらピアノが弾けない私からみると、上手と思える人も、そうでないかなと思う人もいる。でもその人たちの演奏の様子、その表情や指の動き、そしてそこで語られるこれまでのこと、今のこと、これからのこと……を見聞きしていると、しみじみ「みんな、この地球で、この世界で、懸命に生きているんだなあー」と思わせられる。

たった一五分間の番組。だけど、いい番組だと思う。

五月一〇日（火）　辻井くんのあたたかさ

先日、ピアニスト辻井伸行を特集したテレビ番組を見ました。

その番組の後半、彼のピアノ演奏の映像が流れていた時、何と演奏中のピアノの弦が一本切れてしまったのです。オレンジ色のその弦は切れた瞬間、ピアノの外へ大きな曲線となって撥ねて出て、ゆらゆら揺れていました。瞬間、私には何が起こったのか分かりませんでした。それはあまりに突然で、しかも一瞬のことで、オレンジ色をした明かりの線が画面の下方に流れたようにしか見えなかったからです。突然に撥ね出たその曲線は、しばらくぷらんぷらんと揺れていました。そこで私はピアノの弦が切れたのだとやっと悟ったのでした。

この時のコンサートで辻井くんはアンコール曲のあとに、もう一曲演奏することを予定していて、その曲の演奏中に弦は切れたのです。もちろん彼は何事もなかったかのように最後まで演奏します。

私はピアノ演奏中に弦が切れたのを初めてみました。弾いている人には音が変わったのが分かるのでしょうが、私にはまったく分かりませんでした。いえ、分かるはずなどありません。

しかし、さすがに辻井くんは演奏後に戻った舞台の袖で、すぐにそのことを口にします。と、次の瞬間、彼は彼につき添う男性の腕を促すように掴み、舞台に戻ると、予定にはなかったはずの曲を演奏し始めたのです。迎える観客の拍手がひと際は大きく会場に響きます。

演奏後、正面席の観客と舞台背後の席の観客、その大勢の観客それぞれに、辻井くんはていねいに彼独特のお辞儀をして、つき添う男性に促されて退場します。が、その時、珍しいことに彼は客席に向かって手を振りながら、舞台の袖に下がったのです。袖に戻った辻井くんの顔は少し紅潮して見えましたが、すこぶる満足そうでした。その演奏はもちろん、その態度も仕草も、さすがの辻井くんです。

余談ですが、私がその名前をちゃんと言えるピアニストは、たったの二人。一人はフジコさん。そしてもう一人は辻井くんです。気になる二人なのです。

五月二九日（日）　二つの映像の衝撃

その日、私はテレビで立て続けに二つの映像を見ました。

それはある脳神経外科医が脳梗塞や脳出血、くも膜下出血などの脳卒中に加え、未破裂脳動脈瘤や脳腫瘍などの中枢神経系疾患に対し、最先端の高度脳神経外科治療としての手術を施す映像でした。

もう一つは別のチャンネルで、度重なる砲撃や銃撃によって繰り返される人間の殺戮と建物破壊の映像でした。

そこには目の前の人間の命に向き合い、一人の人間の命を救おうとする人間がいました。片や、人間の精神を弄び、平然と老若男女の区別なく、夥しい数の人間の命を奪う人間がいました。

その時私は、図らずも人間の命に向かって対照的な意識と価値観を持って行動する、二人の人間に関する映像を一気に見ることになったのでした。

いつの時代でも、人間の命を救おうとする人間はいる。また、反対に人間の命を奪う人間がいる。そうだろうことは分かる。分かるけれども、しかしその時、対照的な二つの衝撃的な映像を続けて見た私の精神は、言葉もなく、呆然と立ち尽くしてしまったのです。

これは私たちの遠い祖先から続く、その出現以来、不可避的に負っている人間存在の現実なのでしょう……か。私たちはこれを超えることは出来ないのだろうか。

六月二七日（月） 久しぶりに飛行機に乗った

タテ約三〇㎝、ヨコ幅約二二、三㎝ほどのたくさんの小窓が並んでいる。私はその中の一つの小窓から、少し遠くで横一列に並び、こちらに向かって手を振る七、八人ほどの人たちに向かって、左の手のひらをやさしく振り続ける。その人たちが見えなくなるまで振り続ける。

しばらくすると、今度は敷地と道路の間のゲートのそばに立って、こちらに向かって敬礼する人が見える。こちらに向かって敬礼しているその人は、その敬礼の姿勢を崩さない。私はその人に向かっても、左の手のひらをやさしく振り続ける。

すると、たくさんの小窓の中に、自分に向かって手を振る人がいることに気がついたのか、何とその人は敬礼の姿勢を解いて、その右手をこちらに向かって振り始めた。私たちはお互いが見えなくなるまで手を振り続けた。

こちらから手を振っていたのは私だけではないだろう。しかし、その人が敬礼を解いて、こちらに向かって手を振って応えてくれたことが、私には思いもかけぬことで心底うれしかった。

日頃、私たちが人に手を振る時は「さよなら」をする時が多い。しかし、私たちが手を振るのはそんな時だけじゃない。「ありがとうございます」や「お世話になりました」の感謝の気持ちを伝える時も、私たちは手を振るものだ。言葉が届かない時はなおさらだろう。

久しぶりに飛行機に乗った。

七月一〇日（日）　ある疑問

安倍（晋三）さんの死は驚きです。あっという間もなく、全世界に知れ渡りました。それが当たり前の時代です。それにしても警備は緩かったですね。

しかし、どうして一発目のドンという爆発音のあと、安倍さんは驚いてしゃがむなり、身を守ろうとする姿勢を取らなかったのか、と疑問が残ります。

「あってはならない」とか「民主主義を封殺することは赦されない」などという言葉が飛び交っているようですが、これまでのテレビや新聞、ラジオ、ネットなどの報道では、政治家や評論家、報道関係者や一般人等の誰一人からも、「安倍さんの死は私たちにも責任がある」といった認識や思いを込めた発言は聞かれません。安倍さんが死に至ったのは、私たちとは無関係の他人事なのか？

　そういう思いもあって、私には、あの瞬間の安倍さんの行動が悔やまれるのです。

七月二四日（日）　セミの感触

午前中から陽射しの強い日。お使いに行こうとして玄関のドアを開けたのです。すると、玄関先にアブラゼミが白っぽいお腹を見せてひっくり返っていました。目にした瞬間、「あー、この毎日の異常な暑さにやられて、セミもまいったか」と思ったことでした。

動物はあまり得意ではないのです。虫もそうなのです。でも、小さい頃から慣れ親しんだせいか、トンボとセミは例外的に触れます。

なので、セミはひっくり返って動かないので、もう死んでいると思い庭のどこかに埋めてやろうと、右手の親指と人差し指でセミを挟み込むようにして摘まもうとしました。するとその瞬間、セミのあの細い足が数本、弱々しく動いて人差し指に絡まってきたのです。

驚いて、「おっ、生きとるじゃー」と独りごちると同時に、セミは激しく羽ばたき、道路を隔てた斜向かいの家の庭に育つ背の低い木に向かって、まっすぐに飛んで行きました。まるで最後の力を振り絞って、というように。

セミは向かって行った先の、その木の枝か何かに留まるかして、「ジィー」とひと声鳴きました。

……。

もしも、あのタイミングで玄関のドアを開けなかったら。そして、もしも手に取ろうとしなかったら、あのセミはどうなっていたのでしょうか。

「遅かれ早かれ……」と思いもしますが、あの時の指に残るわずかな感触が、今でも私にあのセミを愛おしくさせるのです。

午前中から暑い陽射しの日のことでした。

仮想講話

はじめに

私は重症心身障害児者の、また知的障害児者の社会福祉を推進する組織・事業所に通算で四二年あまり、身を置いてきました。その間、私は何を学び、何を思い、何を感じ、またこの社会の在り方についてどう考え、どうあってほしいと思ってきたのか。そうしたことについて、これまで地域の中学校や高等学校のご理解、ご協力を得て、幾度となく中・高生に向けてお話をさせていただいてきました。

しかし、今後、そうした中・高生の皆さんに対してお話しする機会が私に訪れるものかどうかは分かりません。そこで、中・高生の皆さんに限らず、広く社会の皆様にも是非私の思いをお伝えしたい、そしてご一緒に障害者福祉についてお考えいただきたいと思い、突拍子もないことですが、このたびこのブログで仮想の講話をさせていただこうとする次第です。

仮想講話のテーマは「私が学んだ知的障害者と呼ばれている人たちのこと」としました。最後までお読みいただければ、たいへん幸せます。ご一緒に障害者について、特に今回は知的障害者と呼ばれている人たちの、その命と人生についてお考えいただければと願います。

なお、障害福祉サービス事業所（通所）の園長だった私の前には地域の中学生、あるいは高校生の皆さんが教室の席に着いているものと仮想しての言葉遣いをしています。また、ところどころ山口県東部辺りの方言が混じっておりますがご容赦ください。

＊仮想講話の掲載について

一　対象を一クラスほど（およそ二〇人〜三〇人）の中学生、あるいは高校生を想定した、時間的には約一授業時間（五〇分）ほどの講話のつもりです。

二　その講話の内容を全三〇回に分けて、基本的に三日に一度、ブログとして掲載していきたいと思います。

三　途中、通常のブログとしての話題を割り込ませることがあるかもしれないことをあらかじめご承知おきください（注：本書ではそうした割り込みはありません）。

では、次回から仮想講話を始めますので、どうか最後までおつき合いのほどよろしくお願いいたします。

仮想講話　私が学んだ知的障害者と呼ばれている人たちのこと

第一回　大まかな障害の種類

障害には大きく分けて四種類があります。

身体障害。車椅子を使っている人とか目が見えない人とか、耳が聞こえない人とかですよね。

これは皆さんもよく知っている。

次に知的障害。どんな人かというと自分のことを説明することや紹介することがなかなかできにくい人。「あなたは何歳ですか」「分からん…」「誕生日はいつですか」「分からん…」。人の話も聞いているようだけど、十分には理解できない。だから得てして人は、この人は反応が悪いから、ちょっと頭がおかしいんじゃないかと思ってしまう。でも、そうじゃない、という話をあとでします。

次に精神障害。うつ病になったり、ストレスがかかって引きこもってしまうことがあったり、聞こえるはずのない音が聞こえたり、実際には見えるはずのないものが見える。そういう人がおります。

それから発達障害という障害もあります。そう言われる人は例えばすごく数字へのこだわりが強い。今日は誰だれの誕生日だとか、今日は誰だれが亡くなった日だとかをよく覚えている。それも二、三年前のことではなく一〇年以上前のことでもよく覚えている。それからものごとの順番にこだわる。まずこれをやって、そのあとにあれをやって、次にこれをやって……、というようにしないと落ち着かないし、次の行動に移れない。

第二回　事例

二つほど例を挙げます。

私が所属していた、主に知的障害者と呼ばれる人たちが通っていた障害福祉サービス事業所（以下、事業所）でのことです。

（その一）

事業所での一日の作業が終わって、利用者（ここでは事業所に通ってくる障害者）が食堂に集まって、帰りのあいさつをする。

ある利用者は帰りのあいさつが済んで、みんなが靴を履き替えて、送迎車に乗って、さあ帰ろうという時に、必ず毎日、ほうきとちり取りを持ち出してきて、自分の作業場の掃除をする。それが終わると下駄箱に行く。で、靴を履き替えて送迎車に乗るのかと思うと、下駄箱の前でしゃがみ込んで、今度は提げていたカバンの中身を全部外に出す。そしてその出した物をまたカバンに入れ直す。そうしてやっと納得して靴を履き替えて、みんなが乗り込んで座って待っているいつもの送迎便に乗る。

その時、私が他の利用者が偉いなあと思うのは、その利用者の一連の行動が全部終わって、本人が満足した顔で送迎便に乗って来るまで、みんながじっと黙って座席に座って待っているということです。こんな時、君たちの中にはおそらく「お前、早うせんか。何しよるんか」という人がいるかもしれない。しかし彼らは絶対そんなことなんか言わない。騒ぐこともなく、ちゃんと毎回、静かに座席に座って待ってる。

（その二）

それから、発達障害があるとされている人のことです。言葉で言われてもよく理解できない人がいます。が、そういう人の中には言葉よりも絵や写真で伝えるほうが伝わりやすい、理解しやすい人がいます。昼食の前には手を洗います。昼食がすんだら歯磨きをします。その次は休憩します。昼の休憩がすんだら作業をします。そうした順番を写真やイラストで示すとそれを理解して、その順番で行動できる人がいます。ただし、何らかのことで急に予定が変更されたり、行動の順序が変わると、それを受け入れることはなかなか難しく、興奮状態になることがあります。また、テレビなどで時折り紹介されていますが、例えばパソコンの操作は得意なのですが、人とのコミュニケーションや距離感がうまく取れないという人もいます。

第三回　私たちの命のこと

人は誰も、お母さんのお腹の中にいる時に、「私は健常者として生まれたいです」と思って生まれてきた人はいません。ましてや好き好んで「私は障害者として生まれたいです」と思って生まれてきた人など誰一人いません。私たちは自分が努力したから健常者と呼ばれる者として生まれたのではありません。たまたま健常者として生まれた命に過ぎないのです。そして、私たちが障害者と呼んでいる人たちはその努力が足りなかったから障害者として生まれてきたのではないのです。

それなのにどうして君たちの心の中には障害者を差別し、彼らに対する偏見の気持ちがあるのか。

私たちから障害者と呼ばれている命の存在。そして自分たちのことを健常者と呼ぶ命の存在。

そうした命の在りようについてきちんと分かっていないと、何の疑問も持たず、当たり前のように障害者を差別し、彼らに偏見を持ってしまう。それは自分たちのことを健常者と呼び、彼らのことを障害者と呼んでいる私たち、そして君たちが解決すべき、人類としての人の命に関する命題だと思います。

第四回　子ども扱いする社会

知的障害者と呼ばれている人はものごとを理解することが苦手でよく分からない。また自分の思いをうまく言葉で伝えることができないなど、そうしたことが不得手な人が多いから、親の中には、そして地域社会の人の中には彼らを子ども扱いする人がいる。障害者のことを子ども扱いする人が多いのです。だから二〇歳を超えていても「〇〇ちゃん」と呼ぶのです。

しかし、そう呼ばれた本人はもう子どもじゃない。二〇歳を過ぎた大人なんです。そういう人を「〇〇ちゃん」とちゃんづけで呼んでいいのか。あるいは「〇〇！」と言って名前を呼び捨てにしていいのか。そうじゃない。彼らは彼らの命を、その与えられた人生を一生懸命に生きてきている。その命、その人生を私たちは同じ人間としてちゃんと受け止めなくてはいけない。

それなのに、あれができない、これができない。できるほうが賢い。できんのはつまらんという社会の価値観に無自覚のまま浸っているから「〇〇ちゃん」と呼ぶ。

そうして本人も小さい頃からずーっと「○○ちゃん」と呼ばれているから、私は「○○ちゃん」と呼ばれているから甘えていいのだ。誰かが何でもやってくれる。そういう思いが芽生えてしまって、伸びる力も伸びなくなる。それは自分を健常者と呼んでいる私たちの責任。本人の伸びる力はちゃんと伸ばすことが大事。それを、母親でさえ、「○○ちゃん！」と呼ぶから、近所の人も「○○ちゃん！」と呼んでいるんです。本人もそれに甘えてしまっているんです。これは、絶対に本人のためにはならない。

「くん」も怪しい。「○○くん」これは上から目線で呼んでいるからね。だからそうではなく、私たちはみんな「○○さん」と「～さん」づけして呼ぶのです。支援学校の高等部を卒業したらもう社会人です。だから、みんな苗字を「さん」づけで呼ぶのです。そうすると、今まで名前で「○○ちゃん」と、ちゃんづけで呼ばれていた人が「○○さん」と、苗字をさんづけで呼ばれると背筋が伸びる。

それまでは「○○くん」と呼ばれていたのが、「○○さん」と呼ばれてみなさい。苗字を「○○さん」と、さんづけで呼ばれると、「おっ、ちょっと大人扱いされているぞ」と感じる。それは君たちと同じだ。そう感じる感性に障害はないのだから。ちゃんと感じる。

このように言葉の使い方はたいへんに大事なのです。小さい頃から同じようにずーっと「○

○ちゃん」と呼ばれ続けていたら、この人の人生は子どもの人生になってしまう。大人なのに。それは私たちの責任なのです。それは改めなくてはいけない。

第六回　障害と病気

障害と病気は何が違いますか。障害と病気は何が違うと思いますか。どこが違うと思いますか。

病気には、医学や科学が進歩してきて治る病気があります。もちろん中にはまだ治らない病気がありますが。でも、障害。中でも特に知的障害は治らないのです。今の医学や科学では治らない。ただ軽くはなる。一生懸命訓練すれば軽くなったと思えることはある。だけどそれは治ったとは言えない。そこが現在の病気と障害の大きな違いなのです。

だから、ある事業所で知的障害者がある作業をしていて、どうしてもできないことがある。すると職員はイライラして「昨日も言うたじゃろうが。ちゃんとせんかー。何べん言うても分からんのー」と大声で言う。だけど本人は障害があるからできないのです。努力が足りんからできないんじゃないのです。それを周りの人間ができるまでやらせようとして、叱り飛ばしてやっていると、それが虐待になるのです。

障害と病気は違うのです。お腹が痛いとかの病気は治る。治ったら元気になる。けれども障害は治らない。軽くはなる。訓練して習慣づければ軽くなったとみえることはあるが、根本的には治らない。それを私たちは理解しなくてはならない。で、いつまで経ってもできるようにならないから、子ども扱いして「ちゃん」づけで呼ぶようになる。「あーこりゃもうだめだ。なんぼ言うてもつまらん。子どもと同じじゃなー」と言って子ども扱いする。それは私たちに障害への理解が足りないからそうなるのです。それは障害者に問題があるのではない。私たちの理解が足らないのです。私たちに問題があるのです。

第七回　差別につながる価値観

私たちの社会には何事に依らず、遅いより速いほうがいいという価値観がある。それから無駄は省いたほうがいいという価値観がある。また効率はいいほうがいいという価値観もある。そういう価値観の中で生きていると、障害者は、特に知的障害者の人生は無視される。彼らの時間はゆっくりだから。例えば私たちは一時間に一〇〇個も二〇〇個も作ったり、あるいは処理したりできる。だけど知的障害がある人は例えば二〇個か三〇個しかできない。私たちの社会は短時間でたくさんできるほうに価値を認める。しかし、だからといって、短時間でこれだけしかできないのはだめなのだという価値観しかないと、障害者の生きる場所はない。そして、そういう価値観は差別につながる。「あの子は足らん子じゃからな。何もできん、役に立たん子じゃからな」となる。

第八回　君たちの責任

そういう価値観が私たちの社会に蔓延していることに、若い世代の君たちに責任はない、と私は思う。君たちはお父さん、お母さん、そして近所のおじさん、おばさんからいつも言われている。「あそこの子には変なのがおるんで」「一緒に遊ばんほうがえーで」と言われている。そうすると君たちは、「そうなんだ。そんな子とはつき合わんほうがいいんじゃ」と思うようになる。それでいいのか。

お父さん、お母さんは世の中にはいろいろな価値観があるんだという価値観ではなくて、もっと頑張っていい成績を取れ、もっと速うせー、無駄なことはするな、という価値観で君らを育てる。どうしてか。

それはお父さんお母さんは、その上の世代のおじいさんやおばあさんからそういう価値観を植えつけられて育てられてきているからだ。だから、君らがそう思うのは君らには責任がないと私は思う。ただ、君らのあとに続く、例えば今の小学生などの子どもたちがそういう価値観を引き継いでしまったら、依然としてずっと障害者差別や障害者への偏見はなくならない。周りの人から言われたことをそのまま鵜呑みにして、あーそうなんだと何の疑いもなく君たちが次の世代に伝えていくと、次の世代もそう思うようになる。そういうことでいいのか。それには君たちに責任がある。

第九回　差別や偏見への無自覚

先にも言ったが、障害者は障害者になろうと思って生まれてきたわけではない。君らも健常者になろうと思って生まれてきたわけではないだろう。たまたま健常者に生まれてきただけなのだ。それを、君たち自身が努力した結果で健常者に生まれてきたわけでもないのに、「障害者は努力しなかったから障害者として生まれてきたんだ」などという思いが君たちの心の中に宿ると、その生命観がずっーと次の世代にまでつながっていく。で、自分の子どもにも「あー、障害がなくてよかったね」と思ってしまう。

そう思うのは君たちの自由だ。自由だけれど、障害を負った人、障害者と言われる人に対して、「障害があっても、それでも頑張って生きているね」という、それが大事なんだという価値観を持たなくてはいけない。そこをはき違えると、君たちはいつまで経っても、障害者は自分たちよりも劣っている人間、子ども扱いしてもいいんだ、馬鹿にしてもいいんだ、というように、無自覚に差別や偏見をもつ人間になってしまう。

第一〇回　感情や感性は君たちと同じ

身体障害者は身体に障害があって不自由さはあるけれど、考えたり理解したりする力に障害はないので、自分の考えを述べたり物事を理解することはできる。だから例えば車椅子は使っているけれども、私はこう思います、というように思いや意見などは言うことができる。精神障害と言われている人も自分の考えや思いは人に言うことができる。知的な障害はないのだから。知的障害者と言われている人は物事を理解することが苦手。思いや考えをうまく伝えるのが苦手。だけど、感情や感性は君たちと同じ。古川さんと話したら楽しかった。あるいはつまらんかったという思いは持っている。が、それをうまく外に表現することができない。古川さんと話したけどつまらん、面白くなかった。というようなことを口に出してうまく言えない人がいる。

だからと言って、口に出して言わないからと言って、そういう感情はないんだと思ってはいけない。そういう誤解から広がっていく障害者に対する偏見。偏見。さっきから使っていますが、この言葉の意味は分かりますか。偏見。そうした偏見をどこかで私たちがこの社会から捨て去らないと、この社会は障害者にとってはいつまで経っても生きづらい社会のままだ。

この社会から障害者に対する偏見がなくならなければ、障害者の人生、命は解放されないままだ。だから、私は君たちに頑張ってほしいと思う。偏見や差別に対して、「そうじゃないんだ」と。

第一一回　ジュースの味

というのは、いいですか。ここにジュースがあるとする。コップに入ったジュースがあるとする。オレンジジュースでも何でもいい。ジュースがあるとする。で、このジュースを飲んだ

Aさんが「このジュースうまいよ」と言ったとする。その時、その言葉を聞いたあなたは、たまたま通りかかったBさんに「Bさん、Bさん、このジュースうまいよ」って言うだろうか。Aさんが目の前のコップに入っていたジュースを飲んで、「このジュースうまいよ」と言ったのを聞いて、あなたはほかの人に「このジュースうまいよ」って言いますか。どうですか。言いますか。

そんなことは言わんでしょう。自分が飲んでもないのにそのジュースがうまいかどうか。そんなことは言わない。まして、人に向かってそんなことは言えんだろう。だって、ジュースを飲んでもいないあなたに、どうしてそのジュースの味が分かるだろうか。飲まないジュースの味は分からないのよ。

第一二回　実感を語ろう

それなのに、障害者と話したこともない、一緒に何かをしたこともないのに、「あの人は障害者だからね……」と、差別や偏見の目でその人のことを言ったり、見たりするのはおかしいだろう。人から聞いた話や感想はあなたが実際に感じたものじゃない。それはあなたの実感じゃない。

実際に会って、そして話をして、それで「あっ、やっぱり馬鹿でよ」と思うなら、それはそう思っても構わん。それはあなた方の感性だから。あなた自身の感覚、実感だから。そう思うなら、そう思っても構わん。

でも、そう思っていて、最初はちょっと怖かったけど、頑張って話してみたら私たちと一緒だった。私たちと同じように話をするし、楽しいことは楽しいと言ってくれるし、私たちと同じだったと思えば、そういう自分の感覚、自分の実感を大事にしてほしい。他人の感想や評価をいかにも自分の感想や評価のように誤魔化して語ってはいけない。自分の感覚、実感を大事にしてほしい。

ジュースを飲みもしないで、ほかの人に「このジュースはうまいよ」って言わんでしょう。会ったこともない、話したこともない人のことを「あー、やっぱり障害者だからつまらんでよ」とは言えんでしょう。でも君たちは言ってるんだ。頭の中で。お父さんが言いよった。お母さんが言いよった。申し訳ないけれど学校の先生も言いよったかもしれん。「やっぱりダメな人なんじゃ」というようなことを。しかし、自分で実感していない言葉を吐いちゃいけんです。そこが一番大事なところです。

第一三回　うどんとそば

障害者支援現場の施設や事業所では、時に給食で選択メニューという日があります。それは例えば二種類か三種類ほど用意された給食のメニューの中から、どれか食べたい給食を事前に利用者が自分で選んで、それを食べるという日です。

そんな時は、事業所では一ヵ月くらい前から栄養士が利用者にどっちが食べたいかを一人ひとりに聞いて回ります。ここでは話を分かりやすくするために、うどんかそばの選択メニューということにします。

ある日、栄養士が利用者にどっちにするかを聞いて回っていたのですが、急用ができたので、栄養士が私に代わって聞いてほしいと言ってきた。たまにそういうことがあるので、いいよと言って、私が代わりに利用者に希望を聞いて回った。

「来月は選択メニューなんよ。うどんとそば、○○さんはどっちが食べたいかね」と利用者に聞いて回る。するとね、何人かの利用者は私の顔をじっーと見るんですよ。で、悩んだような顔をしている。「どうしたん?」と言っても、いつまで待っても答えない人がいるんです。さあ、利用者は何故なかなか答えないのでしょうか? 何故? どうして? さあ、考えて。

第一四回　自分で選びたいのに……

それはね、園長（私のこと）はどっちが食べたいと思っているだろうか、と悩んでいるのよ。どうしてそうなるかというと、家でね、いろんな場面で「こっちとこっち、どっちがいいか」とお父さんやお母さんに聞かれた時に、「こっち」と言う。でもそんな時に「そっちじゃなくて、こっちにしんさい」とお父さん、お母さんに言われてしまうことがたくさんあるの。一応、本人に「どっちがいいか」と聞いて、いかにも本人に選択させた格好にするが、結局はお父さんやお母さんの思っているほうにしてしまう。

その時、本人はどう思うかと言うと、「どうせ私がどう言うても聞いてくれん」となる。すると、本人は「私が決めんでもええんじゃ、もうお父さんお母さんが決めとる」となるの。で、じっと私の顔を見ているから、困った私が「うどんがええかなぁ……」と呟くと、すかさず「うどんがええ」と言う。君たちにはそういうことがないですか。

君たちもそういうことがあるだろう。「自分の気持ちは少しも聞いてくれん。ならもういい。そっちで決めりゃええ」となる。

第一五回「待つ」という支援

例えば外食する時、「カレーライスとハンバーグ、どっちがいいかね」と聞かれてしばらく考えていると、お母さんに「カレーにしんさい」と決められてしまう。「今日、出かけるのにどの服を着て行きたいかね」と聞かれて考えていると「こっちにしんさい」とお母さんに決められてしまう。そういうことが度重なると、「どうせ私のことは聞いてくれん。言うてもつまらん」となって、ついには自分の気持ちや思いを解放することができなくなっていく。

だから、私たちが利用者と話をするときに大事なことは、じーっと待ってあげることなんです。それを急かせて「早うどっちかに決めんさい」というのはダメなんです。それは本人にこちらのイライラした雰囲気が伝わるのでダメなんです。そうじゃなくて、「ええよ、ええよ。

よー考えんさい。またあとで聞くからね」などと言って、本人に考えさせることが大事。彼らの時間はゆっくり流れているんです。

第一六回　本人の力を伸ばす

知的障害者は概して優しいです。でも、まあ優しいということは裏から言うとお節介と言うことも言える。優しいし、とにかくお節介です。

事業所に通所し始めて間がない利用者が毎朝、通所して来ると下駄箱の前でずーっと立っているんですよ。鞄を背負ったまま。靴を履き替えなくてはいけませんが、ずーっと立ったままなんです。すると、次の送迎便で来た利用者の一人がそれを見て、「靴を履き替えようやー」と言って、しゃがんで「はい、足上げてー」とか言って靴を履き替えさせようとしていた。その時ちょうど通りかかった私は、「やめときんさい。それは時間がかかるけど自分でできるからね。できるまで待ってあげんさい」と言った。

そういう時、私たちのすることは初めのうちは本人にただ声をかけるだけ。「おはようー」「靴を履き替えてねー」と言ってそこを通り過ぎるだけ。手は出さない。お世話しない。それを繰り返すと、知的障害の程度にもよるが、何日かするうちに、ゆっくりで一五分くらい時間はかかるけれども、ちゃんと自分で履き替えるようになる。それが利用者の本人の力を伸ばすということです。親切な利用者は何でも人に親切にしてあげようとする。親切にすると職員から褒められるからね。「私がやっちゃげたんよ」「そうかね。えらいねー」と褒められるから、本人のことなど構わずにそういう手伝いをしようとする。でも、それはやっちゃいかん。

第一七回　交番のお巡りさん

少し以前の話ですが。ある時、職員が利用者を叱った。すると叱られた利用者が園からいなくなった。探していたら近くの交番から電話がかかってきた。で、電話に出た職員があわてて園長の私に知らせに来た。「今、交番から電話があって、どうもうちの利用者らしい人が交番に来ている。いろいろ話をされるが、困っているのですぐ確認に来てもらいたい」ということです、と言う。すぐに行って来なさいと指示して、交番に確認に行かせた。三〇分くらいして、職員がその利用者を連れて戻ってきたので事情を聴いた。

すると、その利用者は「僕は作業中に職員に叱られたので悪い人間です。だから逮捕してください」と言ったらしい。で、私が職員から本人の交番での様子を聞いた最後に、「君はお巡りさんには何といって利用者を引き取って来たのか」とその職員に聞くと、「申し訳ありませんでした。これからはこんなことがないようによく言って聞かせますから」と謝って来ました、と言う。それを聞いて、私はその職員を叱ったのです。利用者は叱りませんよ。利用者は叱りませんが、その職員を叱ったのです。どうして私はその職員を叱ったのか。君たちが園長ならその職員を叱るかい。

第一八回　何故、叱ったのか

何故、私は職員を叱ったのか。どうしてか。それは、利用者を引き取りに行ってお詫びするのは当然だけれども、そこで、「もう二度とこんなことはさせませんから。よく言って聞かせますから」と言うと、利用者が悪者になってしまうだろう。利用者が悪いことになってしまう。利用者には障害があるんじゃから。障害があるから、判断が十分に効かないから、自分は職員から叱られた悪い人だから「逮捕してください」と交番に行ってしまったのよ。それを「何で交番に行ったんか。お巡りさんの仕事を邪魔しちゃーいけんじゃないか」などと言ってしまったら、障害者本人が悪者になってしまうだろう。

そうじゃなくて、私はそこでもうひと言言ってほしかった。それは帰り際に、「お世話になりました。誠に申し訳ありませんでした。でも」と言わなくちゃいけん。「でも、また本人が交番に来るかもしれません。けれども、その時はまたよろしくお願いします」と。利用者は悪くないんだから。障害なんだから。そうすると案の定、次にまた叱られた時にその利用者はまた交番に行っとる。

第一九回　地域の障害者理解を

すると、そのうちに叱られもせんのに本人が交番に行くようになってしもうた。でも、それを何回か繰り返しているうちにどうなったかと言うと、交番のお巡りさんからの電話が「また来ておられますけども、私の方でちゃんとお話を聞いて、本人が納得されましたら事業所に帰っていただきますから」となったのよ。いい話でしょう。

そうやって、地域の人がですね、障害者がすることを「困ったことよのー。事業所の職員は何しよるんか」などと言うてしまうかもしれないところを「すみません。またやってしまうかもしれませんけど、その時はまたよろしくお願いします」とお願いしておくと、地域の人は「また来るんかー」と思うのだけども、段々それが重なってくると地域の人も分ってくるのよ、相手のことが。利用者のことが。それが大事なの。

日頃は時々しか利用者を見かけないから、「何をするか分からん人たちじゃないか」と地域の人たちも不安なわけよ。それは地域の人たちの理解も足らんのよ。でも、そういう地域の人たちの障害者への理解を広めることも私たちの大事な役目なのよ。

第二〇回　君たちへの期待

だから、君らもジュースは飲んでみんといけんのよ。飲んでみて、つまり障害のある人と話してみて、「あっ、わしらと一緒じゃ」と思えばですね。そういう気持ちをどんどん周りの人たちに伝えてほしい。

で、私が期待するのは、交番のお巡りさんが家に帰って、「いやー、あそこの事業所の障害者がよう交番に来るようになったんじゃがのう。事業所のことをいろいろ話してくれてなー。来月には事業所の祭りがあるそうじゃ。ちょっと行ってみようかのー」となるかもしれない。理解が広がるでしょう。そこを私たちが「ごめんなさい。もうさせませんから」と言ってしまうと、「おーそうじゃ、お宅の障害者、ありゃ悪いのー。また来たらまた言うちゃらんにゃいけん」となる。全然違うだろ。

それは君らにかかってるんですよ。君らがどう思うかです。君らが頑張って、そこを「それは違う。私があそこの利用者の人たちに会って感じたことと違うよ」「あそこの事業所の人たちはこういう人たちだよ」と言ってくれれば、そこから少し世の中の障害者に対する理解が広がってくるかもしれない。そういうことを期待しています。いや、そういうことでしか世の中の障害者理解は広まらないのかもしれん。

第二一回　土鈴作り

事業所では以前、陶芸作業をやってました。そこでは土鈴を作っていました。土鈴。粘土で作った鈴です。粘土で鈴を作るのです。鈴だから中にパチンコ玉のような小さい丸い玉が入ってるじゃないですか。その小さい玉を粘土で作る作業があった。ある時、それを作るために、陶芸班の担当職員がある利用者に「こんなのをたくさん作ってほしいんじゃが」と言って、その作業を頼んだ。で、見本に粘土で作った小さい玉をいくつかと粘土の塊を作業台においた。

頼まれた利用者は「はい、頑張ります」と言って作業を始めたらしい。職員はその場を三〇分か四〇分か離れたらしい。で、様子を見に行ってみた。そうするとたくさん小さな玉を作っていた。職員は「ありがとね」とお礼を言ったんだけど、よく見るとその玉は丸くなかったらしい。職員は土鈴の玉は丸くないといかんと思っているから、「あーごめん。こりゃねー丸くないとだめなんよ。こりゃーいけんねー。はぁええよ、ええよ。ほかの人に頼むけー」と言ってその場を離れようとしたらしい。その時、その場を離れる瞬間に、頑張って粘土を丸めて丸い玉をたくさん作ったその利用者の顔をちょっと見たら、悲しそうな顔をしていたと言うんです。

第二三回　努力するのは私たち

で、職員はすぐ私の所に飛んできて「園長、私はえらいことを言うてしもうた」と言うの。「どうしたんか」と聞いたら、「こうこうで、はあええよ、ほかの人に頼むけーええよと、言うてしもうた」と言うのです。そこで私は、「そうか。言うてしもうたことは取り消せんけー、ここは頑張らんにゃーいけん。たくさん作っていたその玉を何とか考えて商品にせー、商品に」と言ったんです。その玉は丸くなくて、おむすびみたいな丸みのある三角の形になっているんですよ。何故かと言うと、その利用者は手のひらに麻痺があったから手のひらがぱっと開けんのよ。手のひらを開いても平らにならないのよ。中にくぼみができて平らにならないの。だから丸くならなかったの。

で、その職員も頑張ったのよ。一週間か一〇日間くらい、どうしたもんかと一生懸命に考えた。そしたら、その小さい三角形っぽい玉に黄色い色を塗って、爪楊枝で目を二つつけて『幸福《しあわせ》の黄色いひよこ』と名づけて商品として売ることにしたんですよ。すると、一生懸命に作ったのに「これはダメよ」と言われてショックを受けた利用者は、何と自分が作ったものが立派に商品になったから、それはもう、すごく喜んだの。

分かりますか。努力するのは障害者じゃないのよ。我々が努力せんといけんのよ、我々が。ええですか。障害者の命、存在を社会につなげるのは私たちなのよ。社会の価値観だけが私たちの価値観じゃないんだから。努力するのは私たちのほうなのよ。

第二三回　本気の敬意を

君らは町で障害者を見かけるとどう感じるかね。どう思うかね。そこで具体的に何かをするとか、せんとかは関係ない。「あっ、頑張ってるねー。私も頑張るよ」という気持ちを伝えてあげるの。言葉で言わなくてもいい。視線だけ。思いだけでいいの。それが大事。それを例えば、「なんや。邪魔じゃのー。早う向こうへ行けーや」などという思いじゃなくて「よう頑張ってますねー」と心で本気で思って、その人に敬意を持つの。みんなが。大人も子どももみんながそういう気持ちを持てば社会はきっともっと良くなる。

それをみんなが心の内側で毛嫌いする。例えばスーパーで大声出すなーやー。うるさいのー。

商品をそんなに触わるなやー。早ぅ向こぅに行けやー、と思ぅ。でも、本人はそうしたくてやってるんじゃない。障害がそうさせているんじゃからね。だから、君らが毎日の生活の中で、誰かが障害者を疎ましく思ぅ、あるいは邪険にしている場面に出会ったら、「そりゃぁ違うんじゃないの」と、心の中でだけでもいいから、そう思ってくれると私としてはうれしい。それをみんなと一緒になって、「そうよのー、つまらんもんよのー、ああいう人たちはおらんほうがええのー」と心の中で思ったり、口に出して言うてしまうなよ、とお願いしたい。

第二四回　一〇〇—三〇

一〇〇—三〇。一〇〇—三〇。君らを馬鹿にしているわけではないが、算数の問題です。一〇〇—三〇。答えはいくつ？　そう、答えは七〇。七〇ですね。答えは七〇です。

ある時、私が利用者に「ちょっとみんなぁ。今から算数の問題出すけー答えてよー」と言って問題を出してみた。で、その時「一〇〇—三〇はなんぼかねー」と聞いてみたの。「一〇〇—三〇の答えが分かる人」って聞いてみたんです。四人が手を挙げたね。五〇人ほどの利用者の内の四人が手を挙げた。ので、その内の一人に「なんぼかのー」と聞いた。そしたら「二〇〇……」とか言うんですよ。ほかの人にも聞いたけど、答えは全然違うわけ。ただ一人だけが「七〇」と答えたの。

第二五回　チョコレートが買いたい

はい。ではここで質問です。知的障害があって、今言ったように一〇〇―三〇の引き算が分からん人がコンビニエンスストアなんかに行って、例えば三〇円のチョコレートを買いたい。自分で買いたいと思った。その時にお母さんに「お母さん、三〇円のチョコレートを買いに行きたい」と言った時に、お母さんは「はい。分かった分かった」と言って、三〇円以上のチョコレートを買うかもしれないから、千円札とか五〇〇円玉とかを渡すじゃないですか。本人は数が分からんのじゃから。「はい、このお金持って行ってレジのお姉さんかお兄さんに渡しんさい」と言うよね。おばさんかおじさんかもしれんが。まさかその時にお母さんは一万円札は渡さないと思いますが。例えば、その時に千円を渡して「じゃーこれで買うて来んさい」と言う。で、本人はコンビニに行って三〇円のチョコとお母さんから渡された千円札を持って、レジに行く。そしてレジの人にチョコレートと一緒に千円札を差し出す。

第二六回　その時大事なことは

はい。質問です。この時、君たちがレジのお姉さん、あるいはお兄さんだったとします。君たちはレジの仕事をしている。さて、この時、君らに大事なことは何ですか。この人は見るとどうも自分で計算ができてお釣りはいくらだ、と分かるような雰囲気じゃない。その人がレジ係の君たちにチョコレートと千円札を差し出してじっと待ってる。君らはレジのお姉さん、お兄さん。諸君。この時、何が大事ですか。いったいこの時、君らには何が一番大事ですか。

この質問を何年か前の君らの先輩に同じ質問をした。そしたら一人の男子生徒が良い答えをしてくれたのよ。それは「はい、笑顔が大事です」という答えでした。こんな時、「いらっしゃいませ」と笑顔で応対することは大事ですよね。いい答えでした。思わず私は、「おー」と言っていたよ。真剣に考えてくれたんだね。今でも強く印象に残っています。でもね、笑顔も大事よ。笑顔も大事だけれども、もっと大事なことがあるのよ。何が大事？　さあ考えて……。

一〇〇─三〇の計算の答えが分からない人が、千円札で三〇円のチョコレートを買おうとしている。その時、君たちレジ係にとって、もちろん笑顔も大事。だけどもっと大事なことがある。それは何だろうか？

第二七回　その信頼に応えるということ

それは、千円札を受取って、商品の値段を確認して、「はい、おつり九七〇円です」と言ってお釣りの九七〇円を渡す時に、ちゃんと誤魔化さずに九七〇円を渡すことです。それを「この人はお金の計算ができなさそうだから、お釣りを誤魔化して渡しても分からんだろう」と、障害者の信頼を裏切るような、あるいは信頼を壊すようなことを心の中で思ったり、お釣りを誤魔化すようなことをするのはダメなんだよ。世の中にはそういう人がおるかもしれない。

この時、知的障害のある彼らは君たちのことを全面的に信頼しているんです。だから、チョコレートと一緒にお母さんが渡してくれた千円札を黙って差し出すんです。「お金の計算ができないので、ちゃんとチョコレートとお釣りをくださいね」と心の中で思っているんですよ。その時に私たちには「分かりました。私はあなたの信頼に応えますよ」という態度が大事なんです。誤魔化そうと思ったらどうやったって誤魔化せる。世の中には、相手のことを見くびると誤魔化そうとする人がいる。そういうことではいけないんです。

で、この人は家に帰ってお母さんに買ったチョコレートを見せて、お釣りを渡す。お釣りを渡されたお母さんは「ほっ」とうれしくなるね。「レジの人がちゃんとうちの子の信頼に応えてくれてる」って。お母さんもそこでまた一つ、社会を信頼する。そこで社会が障害者の信頼を裏切ると、その家族は次第に社会から孤立していくように思い始める。それでいいんだろうか。

第二八回　優しさよりも信頼

私は何も障害者に優しくしてくれとか、そんなことを言っているんじゃない。優しさよりも信頼です。障害者の信頼に応えるということです。それが彼らの人生を豊かにするんです。「あー、また騙された」とか「あー、また意地悪された」とか。彼らは小さい時から意地悪をされてきているんです。利用者の中には「根性焼き」というのをされた人もいます。「根性焼き」分かりますか。分からない人はお父さん、お母さんに聞いてみてください。ネットで調べてみてください。そういうことがない世の中にしたい。

「私はこれができないけれども、あなたを信頼してお願いします」というそういう生き方、そういう人生、そういう命も私たちの社会の命であることを認めなくてはいけない。それを「せんないのー。どっかあっちに行けやー」と言うんじゃなくて、そこで自分には何ができるかを考えて、彼らの無言の信頼に応える。それが大事と思います。

第二九回　この社会はきっと変わる

私の知っている知的障害者と呼ばれている人たちの多くは、人の言うことがうまく理解できない、自分のこともうまく説明できない。けれどもどこまでも優しく、素直で、そして穏やかな人たちです。それがどうして社会の人たちに疎まれてしまっているのかと言えば、それは本来素直な彼らの本質が遠い過去から今日に至るまで、この社会から例えば「根性焼き」のようなことで心を抑え込まれてきて、長年抑え込まれているうちに、本来の優しく、素直で、穏やかな本質が歪められてしまったからなのです。その歪みを君たちが誤解して、君たちに知的障害者への違和感、不信感、差別意識、偏見をもたらせているのです。

人々が「ありゃー馬鹿でよ」「あいつら、つまらん人間じゃ」と陰で言ったり、心の中でつぶやいたりする社会。そうではなく、社会が知的障害者と呼ばれている人たちの口に出せない無言の信頼に応えて、彼らの人生に思いを馳せて、常に心の中で彼らに声援を送ってほしいと思う。君たちのような若い世代にそういう人が増えれば、きっとこの社会は変わるのです。

第三〇回　おわりに

長々と話してきましたが、この先、君たちに知的障害者と話す機会がある時は、その都度、簡単なあいさつでもいいから、ぜひ言葉を交わしてほしいと思う。目の前のジュースは飲まないとその味は分からないのです。目の前のジュースを飲んで、自分の感想を持ってほしい。そしてその実感を大事にしてほしいと思います。

他人の見解や感想を何の疑いもなく受け入れて、したり顔などしないでほしい。障害者、特に知的障害者の命と人生を解放するには、彼らの一〇〇―三〇〇に寄せる無言の信頼に応える君たちの無言の声援がきっと力になるんです。

今日は最後までつき合ってくれてありがとうございました。また、いつか、どこかで会いましょう。

（了）

あとがき

福岡県で生まれ、山口県で育ち、東京へ出て学校を卒業しました。一年後に働き始めた社会福祉の団体（社会福祉法人全国重症心身障害児（者）を守る会／東京都）での、新入職員としての私の四月一日（昭和五〇年／一九七五年）の仕事は、その団体の所在を案内する道路案内看板の描き直しでした。バス通りから脇道に入る道路の角に立てる、幅三〇㎝、高さ一八〇㎝ほどの三角柱の形をした看板の修理、描き直しをするのです。毎年、四月一日を迎えると思い出します。いいえ、忘れることがありません。

とりあえず社会に出たものの、これからどうなるのか。ここでどれだけ頑張れるのか。漠然とした不安があったかもしれません。その日は穏やかな、暖かな春の日差しだったことを思い出します。

その後、結婚、父の死、子どもたちの誕生、山口県（岩国市）への帰郷、学習塾（広島市）の講師、前職の全国重症児守る会（東京都）への再度の就職。そして母の死を経て、平成八年（一九九六年）に山口県（岩国市）に二度目の帰郷をしました。ありがたいことに、その時私は、それまでの重症心身障害児者福祉の仕事での人間関係に救われて、主に知的障害者が通う障害福祉サービス事業所（当時は通所授産施設と呼ばれていました）さつき園（社会福祉法人さつき会／山口県周防大島町）に拾っていただきました。以来、令和三年（二〇二一年）三月三一日までの二四年七ヵ月の長きにわたりお世話になりました。

思えば、学生時代からのおよそ五〇年の間に、私は重症心身障害児者、知的障害児者、そのご家族、そして障害児者の福祉、医療、教育、生活、就労等に携わる人たち、またボランティアの皆様、学生諸君、福祉機器や介護用品の開発業者や国をはじめ県・市町村等の行政や社会福祉協議会に携わる方々などなど、たくさんの当事者、関係者と出会いました。そうした各方面の多くの方々のご指導やお力添えのお陰で、そして何より家族の支えがあって、私は今、ここまでこうして歩いて来ることができたのです。感謝の思いでいっぱいです。

障害者福祉の在り方を皆様に問い続ける私の思いを綴った、一冊目の『園長さん　いつもにこにこしてますか』以降のブログの内容を、ここに二冊目（続編）『はい。園長さんはいつもにこにこしてますよ。』としてまとめ、発行する次第です。

皆様にこの社会における障害者の存在を、そしてその命とその人生を考える契機としていただきたく、凝りもせず、お届けさせていただきました。一人でも多くの方々の心に、この思いが届き、皆様の心に宿ればと願います。

このたびの発行に際しても前回同様、多くの方々のご協力とご支援をいただきました。心から厚く御礼申し上げます。

なお、一冊目同様、本書でご紹介する方々についてはその人権に配慮し、匿名性を確保するために、たとえば「〇〇さん」とか「□□さん」などと表記させていただきました。また、文体の統一は敢えていたしておりません。その時々の思いや考えを文章化する際の私の感情の在りようの違いが文体の違いとなって表れたものと、ご理解いただければと思います。

また先述の通り、私は令和三年（二〇二一年）三月末日で社会福祉法人さつき会さつき園を退職いたしました。そのため二〇〇五年（平成一七年）七月に開設したブログ「園長室」は、ブログのタイトルを「さらばさつき園園長室」と改めて、現在も続けております。皆様には引き続きご愛顧賜りますよう、よろしくお願い申し上げます。

最後までおつき合いいただき、誠にありがとうございました。重ねて深く御礼、感謝申し上げます。

二〇二二年（令和四年）一二月四日

古川英希

◉プロフィール

古川英希（ふるかわ　ひでのぶ）

一九五〇年（昭和二五年）九月二五日生（福岡県瀬高町／現 みやま市）
一九六九年（昭和四四年）三月　高水学園高水高等学校卒（山口県岩国市）
一九七四年（昭和四九年）三月　法政大学文学部日本文学科卒（東京都）
一九七五年（昭和五〇年）四月　社会福祉法人全国重症心身障害児（者）を守る会事務局（東京都）
一九八二年（昭和五七年）六月　すみれ学習塾（広島市）
一九八五年（昭和六〇年）三月　社会福祉法人全国重症心身障害児（者）を守る会事務局（東京都）
一九八八年（昭和六三年）四月　〃　事務局長
一九九六年（平成　八年）九月　社会福祉法人さつき会さつき園事務長（山口県周防大島町）
二〇〇一年（平成一三年）二月　〃　さつき園園長
二〇一二年（平成二四年）五月　一般財団法人山口県知的障害者福祉協会会長　就任
二〇一五年（平成二七年）四月　山口県障害福祉サービス協議会会長　就任
二〇二一年（令和　三年）三月　社会福祉法人さつき会さつき園園長　退職
二〇二一年（令和　三年）六月　一般財団法人山口県知的障害者福祉協会会長　退任
現在に至る

◉参考資料

『読売新聞』「人生案内」欄／二〇一八年（平成三〇）八月二三日付掲載分
『人間の光沢』鈴木健二／祥伝社

書籍化にあたり、ブログ掲載時の内容に一部手を加えた箇所があります。
なにとぞご了承くださいませ。

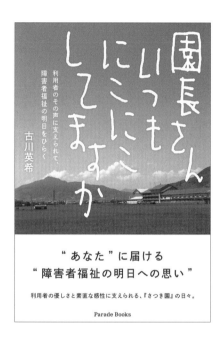

本書を読まれたご感想・ご意見を下記までお寄せいただければ幸いです。
frkwhdnb.20171001@yahoo.ne.jp

はい。園長さんはいつもにこにこしてますよ。

―障害者福祉の現場から―

2023年3月13日　第1刷発行

著　者　古川英希《ふるかわひでのぶ》
イラスト　有志@443

発行者　太田宏司郎
発行所　株式会社パレード
大阪本社　〒530-0021　大阪府大阪市北区浮田1-1-8
TEL 06-6485-0766　FAX 06-6485-0767
東京支社　〒151-0051　東京都渋谷区千駄ヶ谷2-10-7
TEL 03-5413-3285　FAX 03-5413-3286
https://books.parade.co.jp
発売元　株式会社星雲社（共同出版社・流通責任出版社）
〒112-0005　東京都文京区水道1-3-30
TEL 03-3868-3275　FAX 03-3868-6588
装　幀　河野あきみ（PARADE Inc.）
印刷所　創栄図書印刷株式会社

『唐獅子牡丹』P22
『千の風になって』P27
『王将』P146
『日立の樹』P288
『にんげんっていいな』P290
『野球小僧』P303
日本音楽著作権協会（出）許諾第2208182-201号

ISBN 978-4-434-31599-2 C0095